高校学生工作管理创新模式研究

程 飞 邹 彬／著

北京燕山出版社

图书在版编目（CIP）数据

高校学生工作管理创新模式研究 / 程飞，邹彬著 . —
北京：北京燕山出版社，2022.9
ISBN 978-7-5402-6680-6

Ⅰ . ①高… Ⅱ . ①程… ②邹… Ⅲ . ①高等学校—学
生工作—研究—中国 Ⅳ . ① G645.5

中国版本图书馆 CIP 数据核字（2022）第 182555 号

高校学生工作管理创新模式研究

著者：程飞　邹彬
责任编辑：邓京
封面设计：马静静
出版发行：北京燕山出版社有限公司
社址：北京市丰台区东铁匠营苇子坑 138 号
邮编：100079
电话传真：86-10-65240430（总编室）
印刷：北京亚吉飞数码科技有限公司
成品尺寸：170mm×240mm
字数：215 千字
印张：12
版别：2023 年 6 月第 1 版
印次：2023 年 6 月第 1 次印刷
ISBN：978-7-5402-6680-6
定价：82.00 元

前　言

改革开放以来,随着高校学生工作职能的转变和学生学习生活状态的改变,高校学生工作从以政治为主导到教育和管理共存,目前已经发展到教育、管理、指导和服务并重的新阶段,其领域和功能不断得到拓展,形成了涵盖教育(特别是思想政治教育)、管理、服务等方面的多层次、多领域、全方位高校学生工作体系。高校学生工作的专业发展是必然趋势。这就需要广大学生工作者静下心来,认真思考,更加理性地看待学生工作,而不能仅仅停留在日常复杂的事务性工作层面。我们秉持什么样的工作理念,以怎样的工作视角审视高校学生工作,如何确立当下的学生工作目标、任务,如何创新工作实践,推动学生工作科学发展,如何培育学生工作核心价值观,建立工作认同感和自信心,是广大学生工作者必须认真思考和给予回答的现实问题。这也是我们广大学生工作者走专业化、专家化、职业化发展的必然路径。学生工作的专业发展和学生工作队伍的专业化、专家化、职业化建设是高度一致的。本书正是基于这样的出发点进行设计、思考、撰写的。

本书共有十章内容。第一章作为全书开篇,首先分析了学生工作、学生工作运行、学生工作者的角色及定位。第二章探讨了高校学生工作管理理论的内容,包括高校学生工作管理的研究对象、任务与方法、历史沿革、体制及改革、原则等,帮助读者全方位了解高校学生管理工作的知识。第三章研究了高校学生工作管理的理念与发展,涉及高校学生工作的理念与价值、我国高校学生工作体系的发展、新时期高校学生工作面临的机遇与挑战。在上述章节内容的基础上,第四章至第十章主要针对高校学生工作中的常规管理、身心素质与人际关系、学生干部培养、德育教育与学风建设、就业与创业、学生工作信息化与评估、学生素质拓展与社会实践工作管理这几个方面展开了深入研究与探索。

本书将高校学生工作置于新时期背景下,对当今中外学生工作的现状以及我国高校学生工作面临的机遇和挑战做了描述；讨论了新形势下学生工作的理念；对新形势下如何做好大学生的思想教育工作、常规管理工作、学风建设工作、思想政治建设工作、法制化建设工作等问题做出了回答，为进一步增强教育的针对性、实效性、可操作性提供了有益的参考。本书的完成，是对高校学生工作的再一次的整理和总结，从而为每一位从事学生工作的工作者提供方便。

在本书的撰写过程中，作者不仅参阅、引用了很多国内外相关文献资料，而且得到了同事亲朋的鼎力相助，在此一并表示衷心的感谢。由于作者水平有限，书中疏漏之处在所难免，恳请同行专家以及广大读者批评指正。

作　者
2022 年 7 月

目　录

第一章　高校学生工作概述

　　高等教育的根本要务是人才培养,高校学生工作是人才培养过程中的重要组成部分和关键环节,学生工作的成效也事关国家兴旺发达、民族伟大复兴的大业,作为新时期高等院校的学生工作者就应该时刻铭记自身的历史使命和时代赋予的荣光,不断研读学习,总结新时期高等教育学生工作的新情况,适时精准研判,与时俱进,不断创新,为开创高等教育学生工作新局面砥砺前行。

第一节　学生工作

一、高校学生工作内涵

高校学生工作从广义上分析是指高校贯彻党的方针,为广大学生健康成长、全面成才服务的所有的直接和间接的工作和活动总和。高校学生工作从狭义上分析是指与教学科研工作、总务后勤工作并列,为满足广大学生在科学文化、知识学习之外政治素养、道德品质、身心健康、素质能力、创新创业等方面的需要而开展教育、管理、服务工作或开展相关活动的总和。

我国高校学生工作一直在动态中不断发展进步,不同时期的时代要素也决定着高校学生工作的特点带着不同的时代烙印。在对我国国内学生工作的历史研究中,有的学者认为,真正意义上的学生工作是从中华人民共和国成立开始的,中华人民共和国成立后随着我国教育事业的蓬勃发展,可将学生工作分为三个阶段。第一阶段是从中华人民共和国成立初到1977年,政治教育或思想政治成为学生工作的主要内容,是政治教育的主导阶段。第二阶段是从1978年到1993年,我国高等教育进入新的发展阶段,高校学生工作的内涵与外延不断扩大,出现了教育与管理并存的局面。第三阶段是从1994年开始,特别是近十年来,在社会建设发展和高等教育改革不断深化的影响下,我国高校学生工作的理念、模式、内容、方法等均发生了巨大的变化,逐步由封闭走向开放,教育、管理和服务成为学生工作的主要内容,并成为高校育人工作中的主要组成部分,在高校育人工作中发挥了极为重要的作用。

二、当前我国高校学生工作认知

(一)高校学生工作的地位和责任

1.高校学生工作的地位

(1)学生工作是高校党政全面工作的重要组成部分,育人是我国《高等教育法》规定的高等学校的中心任务,这里的"人"就是学生,学校一切工作都要围绕学生来开展。对于一所高校而言,教师固然重要,但是学生更是主体。学校领导、教师、学生工作者、各级管理人员都应该关心学生、解决学生的各种实际困难、倾听学生的疾苦。而高校学生工作是高校教育管理的核心,是运用思想政治工作及教学、管理、服务等手段对学生实施综合性教育的育人工程。①

（2）学生工作是高校维持政治稳定之局,促进高校稳步发展的根本和保障。学生工作的落脚点之一,就是学生的稳定工作,稳定是一所学校发展的根本。学生工作做好了,学校的大局也就稳定了,学校才有余力去搞改革发展。随着高等教育改革的不断深化及近几年高校的不断扩招,各种矛盾、各种问题相继出现,教育收费高、办学条件紧张、教学质量滑坡等问题摆在学生工作者面前。同时,学生的维权意识也越来越强,动不动就要用他们认为所谓的"法律武器"来保护自己的利益。可以说,学生工作困难重重,学生工作者压力大、责任重、困难多。

（3）学生工作是大学精神传承和弘扬、办学治学理念的科学展示、学校精神文明创建及丰富校园文化等诸多具体工作的重要载体和平台。大学精神是大学自身存在和自身发展中形成的独特气质的精神形式的文明成果。它是科学精神的时代标志和具体凝聚,传承和弘扬大学精神对广大高校的社会知名度和促进自我发展与提升人才培养层次至关重要。将大学精神内化为学生自身的优秀品质,使其受用终生,甚至改变他们的人生,则成为学生工作的重中之重,也是考验学生工作优劣的一项重要衡量指标。办学治学理念不仅是高校发展和进步的精神引领,更是具体工作目标实现过程中始终秉承的核心内容,学生工作内容展开时刻体现着一所高校的办学理念,同时学生工作也是科学展示一所高校办学治学理念的重要载体之一。诸如精神文明创建、丰富校园文化、构建和谐校园等具体工作更离不开学生工作,学生工作也在这些工作的进程中发挥着重要作用。

（4）学生工作是高校确保人才培养正确的政治方向的重要保障,学生工作也肩负着大学生培育和践行社会主义核心价值观的时代重任。我们党清醒地认识到,高校人才的培养要坚持正确的政治方向,紧扣"为谁培养人才""培养什么样的人才"的主题,学生的思想政治教育恰恰又是学生工作的重要组成部分。因此,把握学生工作的政治方向就不会使高校迷失培养人才的政治方向。尤其中共中央提出学生要培育和践行社会主

---

① 孟庆新.高校学生工作思考与实践[M].沈阳：东北大学出版社,2015.

义核心价值观之后,这一政治任务又落到了学生工作的肩上,高校不仅不能忽视学生工作的作用,更应该不断明确加强学生工作在高校中的地位,以确保我们党这一伟大战略的实现。

2. 高校学生工作的责任

（1）对社会而言,学生工作的基本要求和责任如下。

①帮助学生了解中国的历史和国情,继承和发扬中华民族的优秀文化和中国共产党领导下的革命斗争传统,做一名忠诚的爱国主义者。

②帮助学生正确理解和坚持党的基本路线,坚持以经济建设为中心,坚持四项基本原则,坚持改革开放。

③帮助学生树立社会主义民主法治观念,自觉维护和遵守中华人民共和国宪法和法律。

④帮助学生努力学习马克思列宁主义、毛泽东思想、邓小平理论、"三个代表"重要思想、科学发展观、习近平新时代中国特色社会主义思想等理论。

（2）对于学校而言,学生工作基本要求和责任如下。

①维护解释学校的大学精神、价值观念、办学理念和有关政策。

②参与对学校的管理,并对学校所做出的决定承担责任。

③对学生的受教育情况和社会实践进行评价,以改善学校的工作。

④在学校制定和修改方针、政策时提供有关学生的情况信息。

⑤制定有助于校园安全稳定的政策和方案,维护学校的稳定。

⑥有效地管理和学生有关的人力和财力资源。

⑦通过执行和完善学生行为准则来体现学校的价值观。

⑧鼓励和协助学生参与学校管理。

⑨鼓励教师和学生之间加强相互联系,帮助教学人员处理好与学生的关系。

⑩应对任何可能发生的突发事件,为学校排忧解难。

⑪积极从事学生工作学术活动,使学生工作人员能够成为自己工作领域的专家。

⑫与地方、社会建立和保持良好的沟通与联系。

（3）对学生而言,学生工作的基本要求和责任如下。

①帮助学生成功地适应大学生活。

②帮助学生学会选择、学会判断。

③帮助学生构建良好的人际关系、团队意识,学会解决困难和问题。

④帮助学生寻找完成学业所需的各种资源。

⑤为学生全面发展及素质的提高提供各种平台和机会。

⑥引导学生形成健康文明的生活方式。

⑦帮助学生确立目标、完成学业，获得进一步完成学业的机会，顺利就业。

（二）当前我国高校学生工作存在的突出问题

1.国内、国际形势的变幻莫测，社会大环境存在的各种影响因素对高校学生工作产生冲击

（1）全球经济一体化对世界各国经济和社会产生深刻影响，我国已融入经济全球一体化，加入世界贸易组织、建立亚洲基础设施投资银行、推进人民币国际化等一系列重大战略举措，意味着我国要与世界进行全面经济合作、教育合作和文化合作，全方位的合作与交流在积极促进我国经济发展文化繁荣的同时，也使外国敌对势力对我国进行"西化""分化"和"弱化"的手段、途径更加多样化，西方国家的价值观念、思维模式、生活方式也将对大学生的文化选择、价值判断及思想观念的形成产生消极影响，如何使大学生保持正确的意识形态，树立正确的文化心态，都给高校学生工作带来不小的难度，不乏一些高校出现了或多或少或轻或重的学生工作新问题。

（2）纵观我国社会主义市场经济成长成熟的过程，多元化思潮此起彼伏，国内经济成分、经济利益、社会生活方式、社会组织形式、就业方式和岗位等诸多方面呈现多元化特点，广大青年学生的思想观念也深受影响并发生了深刻变化。

（3）大学校园是我国互联网技术发展最快的领域，大学生是中国互联网应用最普及的用户群体，网络信息技术的进步给大学生带来便利的同时，也引发了许多不曾遇到的问题。一是信息网络技术强大的动能，尤其是微信、微博等新媒体的广泛应用，容易使大学生们迷失了人文伦理的方向。二是网络对传统道德的弱化，在网络上大学生可以摆脱传统道德的约束而尽情宣泄，网络成为道德自由者和无政府主义者的"天堂"。三是在开放办学的社会环境下，大学生的价值观念不可避免地受到外来各种价值观及行为方式的影响，尤其是西方国家利用其掌握的先进技术，大肆宣扬所谓的西方的"民主""自由"，诋毁社会主义制度，宣扬拜金主义、享乐主义、个人主义，这对大学生的价值观和理想信念产生了不可低估的影响。

2. 深化高等教育改革进入攻坚阶段,大众化教育形式产生的负面影响显露出来,给高校学生工作带来了一些棘手的新问题

（1）随着高等教育的改革和发展,我国高等教育大众化的进程不断加快,大学生不再是传统意义上的精英分子,大学生的整体素质呈现下滑趋势,校园内学生的层次变得复杂化,学生工作难度增大,学生干部工作压力较大。

（2）全国各高校普遍实施学分制,各个专业大类招生,学分制的实施及大类招生的实施是学生工作面临的新问题,在学分制下,学生管理打破了学年制整齐划一的教学管理模式,学生班级观念淡化,逐渐形成了新的以课程为纽带的组织体系。这一切都迫切要求我们对现有的学生工作模式进行调整和改革。

3. 受多种因素影响,当前高校大学生自身出现了新的变化,呈现出值得重视的新特点

（1）由于高考政策和办学方针的调整,在校大学生的成分日趋复杂,很多高校多层次、多形式、多校区办学,同一学校本专科并存,研究生、留学生、继续教育学生等全部包揽,不同校区学生生活条件和校园文化氛围不一样,独生子女成为主体,他们依赖性强、自理和适应能力差、合作与吃苦精神不足,单一的学生工作模式很难满足他们的需要。

（2）社会整体环境的影响和制约。广大青年学生的压力越来越大,情绪波动较大,首先是学习压力,奖学金、助学金、评优、入党、任职等方面均与学习成绩挂钩,大类招生涉及一年后重新选择专业,这也与学习成绩挂钩。其次是经济压力,高等教育是有偿服务,学费的额度视专业不同有大小之分,家庭经济条件较好的学生不仅能承受,而且还能配置个人电脑、通信工具等。最后是就业的压力,扩招直接导致毕业生人数剧增,适逢国内经济结构转型,多年累积的毕业生较多,每年又有至少600万的大学毕业生。目前大学生就业市场已经形成了极端买方市场,很多学生对将来就业十分忧虑和担心。

（3）校园"热现象"即热点问题此起彼伏。大学生所讨论的热点,是在一定时期内大学生相对关注和思考的问题,它展示在一定时期内大学生思想的主要特征,而决定了在一定时期内大学生的行为走向,如持续上升的考研热、方兴未艾的考证热、难以降温的恋爱热、骤然兴起的上网热、悄然出现的租房热、追求体验的经商热、个性张扬的写真热等。

（4）大学生群体处在青春期，是心理发展过渡期，这一时期的问题突出。大学时代是人生中最丰富、最活跃、最绚烂的时期，需求、性格、观念等心理状态都有其显著特点：一是需求的旺盛性，二是个性的独立性，三是观念的多元化，四是心态的矛盾性。

4. 高校学生工作自身存在的问题和不足严重影响学生工作跨越式发展步伐

（1）对学生工作在高校中的地位和作用还没有形成统一的认识，还存在着偏差和误区，认为学生工作在高校不是中心工作，没有必要放在重要位置，一味地追求教学科研，放松了对学生工作的标准和要求。

（2）学生工作队伍建设有待进一步加强，从当前学校学生管理队伍的现状来看，还没有达到国家的要求，而且从业人员的整体质量不能完全适应当前高等教育的发展，理论修养不够、觉悟不高、专业程度较低、工作经验不足、学历层次较低等现象不同程度存在。

（3）涉及学生工作方面的多项规章制度还需进一步健全和完善。一是学生管理规章制度不完整、不健全，特别是对学生管理工作中的法律事务问题研究不够，处理无章可循，给管理工作带来很大困难。二是临时性、应急性的"通知、办法"与规章制度并存。朝令夕改现象不能避免，甚至受领导更替、人员观念冲突等不可控因素影响，使得制度的严肃性得不到保证。三是由于规章制度本身不严密和受人为因素的干扰，规章制度缺乏应有的权威性，依规办事的观念不牢。

（4）学生工作缺乏必要的工作条件。学生工作的开展必须借助固定的活动空间、必要的专门人员、与工作相适应的相关设备，并需要一定的经费给予有力的支持。但相当一部分高校由于扩招以后办学条件的改善需要大量资金投入，有些高校因此也背上巨额债务，因而在学生工作上难免存在投入不足、条件差距较大的情况，学生工作条件亟待改善。

（5）学生工作者原有的工作理念和观念，有些已经落后于现实需要，面对复杂的新情况，既没有及时补充新知识，也没有树立现代教育理念，难以适应工作需要，学生工作内容设置随意性也较大，缺乏科学性和针对性，过分要求学生按照社会固有的统一模式行事，忽视了学生自我发展的规律和需要，学生工作习惯于采用传统的灌输、说教的手段，忽视了双向交流。

（6）学生工作的理论研究风气不浓，深入基层调查研究不够，学生工作在不同时期、不同环境的情况下应该赋予不同的内容，工作也应做出适时合理性调整，千篇一律致使工作失去针对性和时效性。目前，学生工作在科学调查研究和理论研究上还存在一定的差距,工作中更多地忙于事务,缺乏对学生工作调查研究,学生工作的学术化程度不高。

第二节　学生工作运行

高等教育的根本要务是人才培养,高校学生工作是人才培养过程中的重要组成部分和不可忽视的重要环节。在促进学生身心健康成长和全面发展,以及培养学生服务国家、服务人民的社会责任感等方面都发挥着不可替代的重要作用。高校学生工作运行体系如何在科学发展观的统领下,实现高校学生工作科学发展,构建符合中国国情的高校学生工作运行科学化体系,是高校学生工作者应该深入思考和研究的重大课题。对学生工作本身而言,科学、合理、有效地建立健全学生工作运行机制和形成良好的学生工作新局面,是确保高校有序、高效、安全地运行,更好地为教学科研和人才培养服务的重要保障。

一、高校学生工作领导体制与领导机构

(一)高校学生工作领导体制

当前各高校学生工作一般采用学校党委统一领导,党政齐抓共管,学校学生工作部门和基层院(系)党团组织为主实施,全校各单位密切配合的领导体制和工作机制,这种体制和机制能充分发挥学生工作的整体优势,促使学生工作协调配合、有序运行。现今,我国高校一般成立学生工作(指导)委员会,负责指导学校的学生工作,高校学生工作职能部门一般由学生工作部(处)、团委等组成,相关部门在学校党委行政的统一领导下,相互协作、共同促进学生工作的有序开展。

(二)高校学生工作领导机构

1. 学校党委和行政

学校党委在学生工作中的主要职能:根据党和国家的相关方针、政策制定本单位学生工作的目标,领导和指导本单位学生工作,监督本单位学

生工作的开展,做好本单位学生工作干部的培养和管理工作等。学校党委在学生工作中处于核心地位。学校行政在学生工作中具有执行作用。其作用是使学生工作"实"起来,并卓有成效地开展下去,在实际工作中,学校行政要发挥自身优势,为学生工作提供各种有利的条件和保障。

2. 学生工作(指导)委员会(学生工作领导小组)

学生工作(指导)委员会,也有一部分高校设立学生工作领导小组,是学校为加强对学生工作的统一领导和组织协调,理顺学生工作管理服务中各方面的关系,完善学生工作的调控体系而设立的专门负责指导、协调全校学生工作的领导机构。

学生工作(指导)委员会的正、副主任分别由分管学生工作的党委副书记(副校长)、分管教学(本科、研究生)工作的副校长担任。委员除学生工作部门、教务部门外,还包括党政办公室、组织部、宣传部、人事处、财务处、保卫处、后勤处等部门的主要负责人及各学院(系)分管学生工作的院领导、学校学生会、研究生主席等。学生工作(指导)委员会办公室一般设在学生工作部(处),办公室主任由学生工作部(处)主要负责人担任。

学生工作(指导)委员会设立旨在通过各方面的齐抓共管,形成全员育人的良好格局。其主要职责主要涵盖以下方面:审议学生工作年度安排意见和学生工作长远规划;讨论解决学生工作的重大事件和重要问题;听取、收集各院系和相关部门对学校学生教育管理工作的意见、建议和要求;加强学生管理,督促、检查全校学生工作,协调各部门与学生工作方面的关系;研究学生突发事件的处理方案;研究、讨论和制定有关学生的重大奖惩决定,提出指导意见等。

二、高校学生工作的运行

(一)高校学生工作的运行体系

当前我国高校学生工作运行机制中存在着纵向与横向两种运转体系。纵向运行体系主要是指在同一工作体系中,上级与下级的关系,从工作上来看则是层层递进、逐步细化;横向运行体系主要是指同一级别、同一层面的相互关系、相互配合与协调。

1. 纵向运行体系

目前,我国高校学生工作中至少存在着以下几个纵向运行链。从学校行政角度来讲,存在着"学校党委—学生工作职能部门〔学院(系)党委〕—院（系）学生工作办公室—辅导员（班主任）—班级"这一运行体系；从学校团组织来讲，存在着"学校党委—团委〔学院（系）党委〕—学院（系）团委—团支部"这一运行体系；从学校学生群众组织来讲，存在着"学校党委—学校职能部门—学生会（研究生会、社团联合会）—学院学生会（学生社团）"这一运行体系；从学校学生工作运行的场所来看，存在着"学校党委—学生宿舍管理服务部门—学生宿舍"这一运行体系。

2. 横向运行体系

横向运行体系主要是学生工作部门之间的协作及其他层面的相互沟通交流。这里主要对学生工作部门之间、学院（系）之间的相互协作做以下说明。

（1）学生工作部门之间的协作。要搞好学生工作部门之间的相互合作，除了做好部门本职工作外，还要进一步加强各部门之间的联系与沟通，齐抓共管，形成合力。在实际工作中，要建立学生工作联席会议制度，研究解决学生教育管理工作中存在的重大问题。

（2）学院（系）之间的资源共享与优势互补。为了高效优质地搞好学生工作，学院（系）之间的资源共享与优势互补也是不可或缺的。各学院（系）由于专业设置不同，资源占有也各有差异。各学院（系）合作与资源共享，使得学生工作更加丰富多彩。

（二）各级党组织和相关部门在学生工作运行过程中的作用

1. 学校党委起到政治核心作用

党委作为学校的政治领导核心，在组织和实施大学生思想政治教育方面负有首要的政治责任和领导责任。在整个运行机制中，学校党委处于核心地位。在学生工作中，学校党委要充分发挥政治核心和领导核心作用，做好领导工作。一是要统一行政部门机构，共同做好思想政治工作。二是加强和改进德育工作。三是紧紧围绕学校的改革和发展，紧密结合工作和思想实际，分层次、多途径、采取多种方式开展学生工作。四是要建立一支以专职人员为骨干、专兼职相结合的学生工作队伍。五是领导学校的工会、共青团、学生会等群众组织和教职工代表大会，支持他们依照法律和各自的章程独立自主地开展工作，充分发挥群众组织在学生工作中的重要作用。总之，学校党委负责监督国家大政方针的贯彻执行，宏观上把握学生工作的大方向，制定学生工作重大决策，同时加强对学校学生工作的领导和监督。

2.学生工作职能部门、学院(系)党委(总支)起到主要落实作用

在学校党委的领导下,学生工作职能部门要围绕学校培养目标重点考虑和抓好中心工作,履行好组织协调、监督检查、考核和调查研究的职能;学院(系)党委(总支)要围绕中心任务,指导开展好本学院(系)学生工作。

(1)学生工作职能部门。学生工作职能部门在学校党委的领导下,充当领导决策和学院(系)具体实施的桥梁,担负起宏观调控、协调、督办等职能。在这一运行机制下,需要在服务、协调和导向研究上做好工作。第一,要强化服务意识,起好上情下达、下情上达的桥梁作用。第二,积极做好协调配合工作。第三,加强研究和科学管理工作,力求通过制定相关措施和政策上的倾斜,部分引入人事制度改革措施,通过激励竞争,充分调动起学院(系)工作的主动性和积极性。

(2)学院(系)党委(总支)。学院(系)党委(总支)在学生日常教育管理、党团组织建设、素质教育、学生工作队伍建设等方面结合学院(系)特点有针对性地开展具体工作,部分学生经费的使用由学院(系)根据工作开展情况自主支配。这个工作运行机制赋予学院(系)更多的职责和自主权,能够在较大程度上调动学院(系)的积极性,增强了工作的高效性。

第三节　学生工作者的角色及定位

高校学生工作在培养人才的定位中具有重要作用,学生工作者作为学生工作的组织者,对学生成才的影响是直接而深远的。学生工作者要做好学生工作,就必须厘清观念,对学生工作的对象、性质、目标和自身的角色要准确定位,为学生成才而努力,帮助学生实现自身价值和社会价值的完美统一。

一、学生工作的性质定位

要对学生工作者的角色有一个准确定位,就必须对工作对象——大学生、对学生工作性质、对人才培养的目标有一个恰当的把握,充分地认识

和了解学生工作,最终准确定位学生工作者的角色。

近些年的调查表明,高校大学生发展的总体特征是积极向上、稳定健康。大学生拥护和支持党和政府的大政方针,对国家政治、经济发展前景充满信心。对个人,他们全面发展自身;努力成才的愿望和自觉性强烈;自我意识趋向理性,对自己的要求也越来越高。面对就业压力和激烈的人才竞争,大学生为适应未来社会的需要而学习努力,"入党热""考研热""考证热""社会工作热""勤工助学热"继续升温,学习气氛浓厚。在总体健康向上的格局中,部分大学生还有模糊的思想观念以及偏颇、失范的言行,如少部分大学生认同"社会主义和资本主义走向趋同"的观点;对于宗教缺乏理性的批判态度,甚至在心理与行为上趋于认同;少数学生存有心理障碍,人际关系过于紧张;极个别学生甚至有违纪违规现象。从调研可以概括出,当前大学生的思想状况呈现出"一个中心,二个矛盾,三个压力"的显著特点。[①]

一个中心:以自我成才和未来发展为中心。学生中出现的考研热、考证热的现象都说明了大学生积极为未来发展做准备。但深入分析,其中一部分学生的成才动机与国家的振兴、社会的发展联系不多,主要是为个人将来的发展做准备。但可喜的是仍有不少默默无闻者为着国家前途、人类的发展而努力学习着。

两个矛盾:一是学生迫切要求教学改革与教改相对滞后的矛盾。例如,有学生认为,目前"两课"教材内容与中学重复较多,且过于沉闷,缺乏更新,与时代脱节。还有学生谈道:"毛论""邓论"以及"三个代表"是不同时期的思想产物,但一脉相承,若分开成若干门课,就显得烦琐,可考虑将这几门课合成一门,强化一体,从而精简课程,提高质量。二是学生日益增长的精神文化需求与增长缓慢的文化体育设施的矛盾。由于文化体育设施严重不足,不能满足学生日益增长的精神文化需求,尽管学校在此方面做了较大努力,但离同学们所期望、所要求达到的还有极大的差距。比如,有同学反映:学校图书馆的期刊更换不及时,书本旧;学校饭堂的服务跟不上时代的潮流,饭菜价格偏高;学校治安有待加强等。

三个压力:一是学习压力。高学历、高素质、高要求的社会,使学生更加注重自我完善、自我学习,面对市场经济急需的新知识、新技能反应敏感。调研中,一位毕业生谈道:"大学四年生活,总觉和当初高考时想象的不同,自己当时上大学前的理想和个性逐渐被磨平,大一、大二、大三

---

① 漆小萍,唐燕等.高校学生事务管理[M].广州:中山大学出版社,2005.

为学习忙,只知道要学习,却不知道为何学,缺乏远见,对前途感到渺茫,大四为就业和考研忙,面对社会竞争,总有些茫然失措,觉得自己没有多少资本可以在社会上立足,有种'学到用时方恨少'的感觉。"二是经济压力。上学缴费后,部分学生出现了经济困难状况,且这部分学生约占学生总数的20%,其中特困生约占5%(经济困难学生是指家庭人均收入300元以下的,特困生是指每月伙食支出80元以下的)。由于经济困难,学生的生活、学习倍感压力,并由此引发诸多问题。三是就业压力。面临多年的大学扩招、用人单位的苛刻要求,以及少数用人单位的不公正,部分大学生背负了强大的就业压力。由于人才招聘和使用上的某些不公平竞争,使得大学生越来越担心自身才能和发展前程会被无规则的选人和用人机制断送。一位大四的学生曾谈道:"我到现在还没有一家单位'要'我,我真不知道怎么办。看到身边一位位同学签上了协议,我只剩压力和自卑。"

准确地把握这些特点,对从事学生工作有着极强的指导意义,对学生工作的效果有着较大的影响,对学生工作者的定位有着重要的参考意义。要做好学生工作,就必须从情感上贴近学生,从心理上赢得学生,要让学生把你当作生活中的朋友、困难时的亲人、学习上的导师来对待。只有这样,学生才能向你敞开心扉、倾吐心声,才能接受你的指导和管理,学生工作者才能引导学生把自我实现的奋斗目标融入奉献社会的根本目标中去。

二、学生工作者的角色定位

在现实生活中,学生工作者通常都不是只扮演一种角色,而是要同时扮演好几种角色,这是由其工作性质、任务等所决定的,学生工作者的主要角色有如下几种。

(一)专家

专家是指对某一门学问有专门研究的人,擅长某项技术的人。其职责是在某一个特定领域内,对各种问题有清楚的了解,并有相应的解决办法;具有全面的知识,并在某一方面有自己独到的见解。学生工作专家就是指在学生工作领域内,对学生工作特点、任务、方法和专业知识有深入的研究,并能有效地指导学生工作的开展,科学地探索学生工作新思路、新方法的人。

要成为学生工作的专家,就要求学生工作者在传统工作的基础上,积累工作经验,还要根据时代的发展有所创新,在日常生活中注意学习和总结。

(二)教师

教师是指担任教学的工作人员。传统上的教师是"传道、授业、解惑",在现代化的教育体制下,教师的一部分工作是由学生工作者来完成的。

1. 学生工作者要从思想上对学生进行指导

学生工作者肩负着思想政治教育的重要使命。思想教育对于当代大学生尤其重要,它可以帮助大学生树立正确的人生观和价值观。在大学里,学生工作者以党员为核心,以党支部为阵地,通过开展政治形势教育和党团建设,采用党课、团课、知识竞赛等多种形式使大学生了解党和国家的路线、方针和政策,树立共产主义的理想,更加清楚地认识当代大学生所肩负的历史重任。

2. 学生工作者要从学习的方法、态度上对学生进行帮助

学生以学为主,大学生的专业知识学习也很重要。学生工作者通过讲座、座谈等形式,使大学生确立专业思想,树立为国家、为人民努力奋斗的宏伟目标,做到干一行、爱一行、专一行。

3. 学生工作者要善于发掘学生的潜力

在学生学好专业知识的同时,学生工作者还必须通过第二课堂,即一些课外活动发现、发掘人才,使同学们接受全面的锻炼。例如,通过举办文艺晚会、运动会、科技竞赛、兴趣小组等,可以从中发现并引导学生的兴趣爱好,为学生提供一个展现自我、展现才华的舞台,丰富学生的课余生活。

4. 学生工作者要行为人师

所谓"师者,人之模范",对学生而言,教师的一举一动、一言一行都有直接的示范作用。教师个人的政治品格、知识才能、道德情感、意志作风等,通过他们的言传身教,对学生产生一定的影响。真理的力量是巨大的,然而真理的力量通过教师的人格示范才能得到充分发挥。因此,学生工作者的人品及行为示范就显得十分重要。

（三）管理者

作为从事学生工作的管理者，首先是制订计划。学生工作者在各个阶段都要根据学生工作的现状、资源以及外部环境制订本阶段学生工作计划，包括党团发展计划、学风建设计划等。在制订计划的过程中，学生工作者可以全面地分析学生所处的状态（包括思想状态、心理状态、生活状态等）、社会环境对学生的影响和对人才培养的要求等各方面因素，以此来确定我们本阶段的工作目标和具体措施，从而达到工作的高效率和高效果。其次是组织协调。由于学生工作者面对的是成百上千的学生，凭借一两个人的力量是无法达到学生工作目标的。学生工作者必须建立学生参与并作为主力的学生工作队伍。学生工作者的这支队伍由年级组、党支部组成，而年级组下面又有班委会、团支部；党支部下面有党小组，通过这样一个组织结构，将年级、班级工作和党团工作有效地展开。再次是实施领导。由于学生干部本身也有一个逐渐成长的过程，作为这支学生工作队伍的领导者，适当的指挥、督促和激励是必不可少的。随着学生走向高年级，学生特别是学生干部逐渐成熟，学生工作者在这方面的工作可以逐渐减少。最后是运用控制。学生工作者制订了计划，但计划是否能够顺利进行，取决于学生工作者是否进行了有效的控制。比如，及时检查学生工作的进度和效果，督促和指导学生干部的工作，观察年级的风气，关注学生的思想动态等。同时，计划中设计的管理体系也需要根据具体情况加以调整和改进。

第二章　高校学生工作管理理论阐释

　　　　高校学生管理是高校管理系统的重要组成部分,在高校教育改革和发展中占有极为重要的地位,在高校管理研究中具有重要意义。本章主要分析高校学生工作管理理论的相关内容。

第一节　高校学生工作管理的研究对象、任务与方法

一、高校学生管理对象

所谓管理对象,是指"管理活动的承受者"。随着人类认识的深化和管理的科学化、复杂化,不同时期、不同学派有不同的内容和见解。一是指管理活动所作用的各种具体对象。最初是人、财、物三要素,后增加了时间、空间,成为五要素,又增加了信息、事件,成为七要素等。二是指管理活动所作用的特定系统,即把管理对象作为由多种因素组成的有机整体。系统与外界环境有信息、能量、物质交流。① 高校学生管理作为高等学校管理工作的重要组成部分,其相对应的工作对象无疑是指高校学生,从广义角度来看,这些学生应包括所有在高校求学的学生,即专科生、本科生、硕士生、博士生等。因为这些人都是高校学生管理活动的承受者。高校学生管理牵涉诸多知识体系,包括管理学、教育学、青年心理学、政治学、人才学等,因此高校学生管理是一门综合性、政策性很强的应用科学。它具有自己独特的研究对象,这个对象就是学生管理活动本质的、内在的联系及其发展变化的规律。

二、高校学生管理的基本任务

高校学生管理工作的基本任务,不仅包括研究学生管理学的相关体系,即研究高校学生管理工作与活动的知识系统理论,而且更重要的是这种研究必须着眼于寻求学生管理工作本身所蕴含的特殊矛盾,领悟和把握学生管理工作的运行规律,以更好地运用于学生管理工作的实践之中,有力地推动高校学生管理工作。概括起来,高校学生管理工作的主要任务如下。

（1）系统总结我国高校学生管理工作的经验和教训。学生管理是一种既古老又年轻的社会现象,它伴随学校的产生而产生,有着悠久的历史传统和崭新的时代内容。中国共产党早在初创时期就在大中学校开展学

---

① 刘伦.高校学生管理制度创新探索 [M].重庆：重庆大学出版社，2006.

生工作,有八十多年学生管理工作的历史,积累了丰富的经验。

（2）批判地继承历史上高校学生管理工作遗产,借鉴国外学生管理工作的经验,吸纳教育学、社会学、政治学、青年心理学、系统管理学、文化学等相关学科的知识理论,构建具有中国特色、符合时代精神的高校学生管理模式。[①]

（3）加强科学研究,注重实践探索,不断发展高校学生管理工作的理论体系,推动高校学生管理工作模式健康运行。尽管学生管理工作有着丰富宝贵的实践经验和悠久的历史传统,但就总体情况而言,它与不断发展的中国特色社会主义的形势和发展趋势还存在着某些不适应,还面临着许多亟待解决的问题,无论是从理论要求上,还是从实践需求上,都需要科学化、理论化、法制化、人性化等诸方面的规范。

（4）以理论创新推动实践创新,促进学生工作的科学化、法制化和人本化。如何体现其管理制度的科学化、法治化和人本化,就涉及一个理论研究的问题,不仅需要研究法律与青年学的相关理论,还需要研究管理学方面的理论,同时更应注重将管理学、法律学、青年学有机结合起来,形成理论上的创新,推动实践创新。

三、高校学生管理的研究方法

高校学生管理的研究方法,要以马克思主义、毛泽东思想、邓小平理论、"三个代表"重要思想、科学发展观、习近平新时代中国特色社会主义思想为理论指导,并结合办学育人的实践。在具体实践中,可从以下几个方面研究高校学生管理。

（一）联系的方法

既要注意高校内部的管理问题,又要注意高校外部的管理问题;既要研究宏观管理的现象,又要探寻微观管理的规律。

（二）调查研究的方法

重在搜集原始数据,汇集感性经验,通过定量与定性的科学分析研究,提高理论认识,使高校学生管理研究的成果具有实际的数据支撑和理论支持,主要有网络调查、抽样调查、问卷调查和随机谈话调查等方法。

---

① 沈佳,许晓静.基于多视角下的高校学生管理工作探究[M].北京:现代出版社,2022.

（三）比较研究的方法

主要通过系统研究古今中外学生管理的历史沿革、实践经验和理论见解,进行纵向和横向的比较,发现政治、经济、文化及时代精神对高校学生管理的影响,从中发现其规律的东西,并提升为理论,用于指导新时期的高校学生管理,古为今用、洋为中用、与时俱进、推陈出新,以实现高校学生管理制度的创新。

（四）实践的方法

要有大胆试验、"摸着石头过河"的勇气,在"实践、认识、再实践、再认识"的循序往复中逐渐掌握高校学生管理的规律,实现从"必然王国"向"自由王国"的转化。

（五）个案研究的方法

所谓个案研究方法,就是通过对某一被试验的管理工作进行纵向的、长时间的连续观察和实验,从而研究其管理行为产生的结果以及发展变化的全过程,总结某些具有规律性的特点的方法,又称"解剖麻雀法"。

（六）对立统一的方法

此方法应注意管理与教育、管理与放松、管理者与被管理者之间的复杂关系。

高校学生管理的研究方法不限于此,上述管理方法仅仅是其中几种重要的研究方法。当然,每一种研究方法都有其特点、优势与不足之处。在研究高校学生管理工作时,应根据时代精神、管理对象变化状况、办学思路的变化、具体地区与当时形势的差别,对不同的研究方法进行选择,有时可侧重其中几个方面的方法,有时可同时采用更多的研究方法。不必拘泥于形式,而要重视效果。

第二节　我国高校学生工作管理体制及改革

一、高校学生管理体制概述

所谓高校学生管理体制,就是在一定的教育方针指导下,按照一定的原则建立起来的体系结构,它主要包括机构建制、各机构间职权的分工协作、领导和管理的原则、规章制度等。学生管理体制是学生管理的领导制度、机构设置、管理权限及相互关系的根本性组织制度。它是实现学生管理目标、实施具体学生管理措施的保证。

按照系统论的观点,学生管理体制应是一个系统结构,它既是学校管理体制的子系统,同时自身又是一个完整的系统。但是不管学校的管理体制发生怎样的变化,学生管理体制应具有四个层面:决策、协调、实施和操作,而且四个层面呈正三角结构,以形成一个稳定的管理系统。

(一)决策层

所谓决策,就是"人们在行动之前对行动目标与手段的探索、判断和选择","从管理者的角度而言,决策是其管理工作的核心的、基本的要素"。决策在管理体制中具有重要作用,美国梅隆大学教授、1978年诺贝尔经济学奖获得者西蒙提出"管理就是决策"。这一论断体现了决策在管理中的重要地位。从学生管理体制而言,决策层次主要是对学生的思想动态、管理工作的开展和走向进行预测分析,在此基础之上,形成学生管理的方案,交由职能部门及领导层做出学生管理的决策。高校学生管理决策大约有以下几个步骤:发现问题—确定目标—拟订方案—选择方案—执行方案—检查评价和反馈处理。这里的目标包括学生管理的总体目标、阶段目标等。决策层将决策交由协调层去贯彻协调。

(二)协调层

学生管理工作与其他校内管理工作不同,是一项牵涉校内诸多部门和系科班级的工作。因此,搞好协调工作显得尤为重要。协调层将决策层的决策具体化为指令信息下达到下一层次,同时及时将有关信息传递给横向的有关部门。有时协调层是由若干部门共同构成的。

（三）实施层

由协调层传来的指令性信息到达实施层实施，即可视为进入实施阶段。实施层的任务是将这些信息"内化"为切合本单位（系、科、班级等）实际的实施信息，以推动操作层的正常运转。

（四）操作层

操作层是学生管理体制中的基层，任务也是最繁重的。其职能为具体接受上层的指令，完成各项学生管理的任务。

为了充分发挥学生管理体制在学生管理工作中的效能，四个层面在具体运行过程中还应注意以下几点。

第一，必须明确各个层面的职责。一般情况下，层面不宜"越位接球"，应做到各司其职，各尽其能，互相配合。

第二，每个层面内部和四个层面之间应建立起畅通的信息传递、反馈通道，以保证上下层面和同一层面不同部门之间的信息交流。这里的信息沟通不一定逐层进行，有时也可以跨层沟通。

第三，各个层面的人员配备应符合精干适用、人尽其才的原则，建立起一支强有力的学生管理队伍。

二、学生管理体制改革的意义

从学生管理体制应具有的科学结构以及中外学生管理体制的比较中可以看出，对我国目前的学生管理体制必须进行有效的改革，否则学生管理体制将会影响管理效果乃至人才培养的质量。

（一）改革学生管理体制是学校工作面向社会主义市场经济的需要

随着社会主义市场经济体制的逐步建立，社会向学校提出了培养适应社会主义市场经济发展的人才的要求。面对这一全新的要求，学校管理体制必须实施适度改革，否则就不能完成时代赋予的使命。学生管理系统是学校管理的子系统，直接担负着培养人才的任务。因而，学生管理体制的改革势在必行。并且，社会主义市场经济的建立，也提出了学生的招生机制、指导就业机制以及教育管理机制的改革问题，这些已经摆到议事日程上的现实问题，是过去计划经济条件下所建立的学生管理体制难以解决的。

（二）改革学生管理体制是全面改善学校管理工作的需要

理论和实践告诉我们,管理的有效性主要取决于两个方面:一是该管理系统的内部及其各子系统之间的协调和畅通;二是各有关系统的决策、实施、检测、反馈过程的及时和准确程度。学生管理工作系统作为学校管理系统的一个子系统,它除了自身必须有效运转以外,还应为教学系统、后勤系统以及学校决策层提供可靠的反馈信息,以促进各项管理工作的改革和提高。因此,要改善学校管理工作,学生管理体制就需要实行改革。

（三）改革学生管理体制是学生管理现代化的需要

我国教育必须面向现代化,这既是说培养的人才必须适应现代化建设的需要,同时还指现实的教育手段、内容、思想必须逐步现代化。这对学生管理体制也提出了现代化的要求。如果管理体制不符合现代化的要求,就很难培养出符合现代化要求的建设者和接班人。同样,教育思想、内容、手段的现代化也对学生管理体制提出了改革的要求,这一改革包括学生管理体制怎样充实完善教育思想和教育内容,学生管理体制怎样保证教育措施的实施等。

三、学生管理机构的职能及设置

学生管理体制的确立为设置学生管理机构提供了理论导向,设立科学合理的学生管理机构,首先必须研究学生管理机构所应具有的职能。所谓学生管理机构的职能,是指学生管理机构应承担完成的基本任务。学校的一切工作都以育人为中心,学生管理机构作为学校的职能机构,其职能应围绕这一中心而展开。根据国内目前的学生管理实践并吸收国外学生管理的经验,我们认为,学生管理机构应具备服务、管理和教育三个基本职能。

（一）服务职能

服务职能应是学生管理机构的首要职能,这是不同于传统学生管理机构的显著特点。学生管理机构的工作人员也应是学生的勤务员和公仆,理应为学生成才做好服务工作。这里所说的服务职能既指学生管理机构创造一切可能的条件为学生的成才服务,又指学生管理机构在管理、协调的活动中树立为基层服务的意识,为基层管理工作的开展创造良好条件。[①]

1. 服务在学生管理工作中的作用

（1）服务在于为学生成才创造良好的外部环境。根据"人才学"的观点,人才的成长与外部环境有着紧密的联系。在学生管理工作中,往往会出现以管理代服务,或重管理轻服务的现象。学生在生活、学习中最基本的条件得不到满足,很简单的困难得不到解决,这时对学生提出较高的要求,在学生中就会产生抵触情绪。相反,服务在前,服务到位,给学生提供一个良好的外部环境,学生感到心情愉悦,就有利于管理工作的顺利开展和促进学生的健康成长。因此,学生管理工作者必须树立全心全意为学生服务的思想,积极主动地帮助学生解决在生活和学习中遇到的各种困难,解除成才道路上可能出现的后顾之忧,这样才能真正做到为学生成才创造出良好的外部环境。

（2）服务具有教育管理功能。由于当代大学生所处的社会环境和历史条件已经发生了变化,在价值取向上出现了一系列新的特点,如主体性增强了,集体主义观念淡化了;价值观念多元化,利己主义、拜金主义有所抬头,崇尚务实,过分看重"金钱"和"实惠"等。这些取向暗含了一些积极和消极面。学校为学生提供优质服务,可以让学生从教职工为其提供的服务中认识集体和个体之间的辩证关系,认识到在社会主义条件下,崇尚利己主义、拜金主义是没有出路的。同时,管理人员、服务人员良好的思想作风、工作作风、行为习惯和道德情操以及全心全意为学生服务的态度,也会对学生产生熏陶和感染作用,引导学生端正自己的行为方式,使之更加符合时代的要求,从而更好地发挥服务的教育管理职能。

2. 服务职能的基本内涵

学生管理机构服务职能的基本内涵,应包括为学生成才服务和为基层服务两个方面。二者是相互联系相互作用的。前者是服务职能的目的和出发点,而后者则是服务职能的手段。

（1）为学生成才服务主要有生活服务、学习指导和健康发展咨询三个方面。生活服务不仅是指我们通常所说的办好食堂、建好宿舍,为特困生提供困难补助等工作,而且还指为学生提供在校如何生活的指导性服务。美国有些高校开设的"大学生活"课和我国部分高校已试开的"大学生活导论"课,其目的都在于对大学生开展教育,包括大学生活的意义教育,

---

① 刘中文等.走向新世纪 高校学生教育管理工作研究[M].北京:煤炭工业出版社,1997.

进行校园生活方式及自下而上技能教育等,帮助大学生特别是大学新生正确认识、正确理解和正常进行校园乃至社会生活,使他们顺利地完成学业,成为对国家建设有用的人才。

学习指导主要是指对学生进行学习目的、学习方法以及科学的时间观和辩证思维教育,诸如如何合理安排时间、如何制订学习计划、如何听讲、如何记笔记、如何提高阅读速度以及如何科学有效地使用大脑等方面的内容,以帮助学生适应学校的学习环境。

健康发展咨询是为了保证学生身心健康发展而开展的保健服务活动。在这方面,既要做好为了保证学生身体健康而必须做好的医疗保健和卫生工作,又要做好对学生的心理保健工作,帮学生出主意、想办法、解疑难、增信心,以达到教育学生、挽救学生的目的。

(2)为基层服务是学生管理机构服务功能的重要方面。在过去的学生管理工作中,学生管理机构对基层往往是管得多、提要求多,却很少考虑为基层提供有效的服务,不利于调动基层管理工作者的积极性。为基层服务主要指为基层管理工作提供指导和咨询服务,共同提高管理水平,以及为基层管理工作者的自身发展提供帮助,使他们的思想水平和工作能力都不断得到提高,以利于更好地开展工作。

(二)管理职能

管理是学生管理机构的主要职能。管理职能是指学生管理机构采取科学有效的手段,对学生群体、个体以及影响他们成长的各种因素进行调控、组合,以顺利实现学生管理目标的职能。对学生的管理,一方面必须建立纪律制度和行为规范,对学生进行必要的约束;另一方面要特别注意使学生能主动地、生动活泼地进行学习和生活,也即"严而不死,活而不乱"。

1. 管理在学生管理工作中的作用

(1)加强管理职能,有利于引导学生思想行为沿着正确的方向发展,培养德、智、体、美、劳全面发展的建设者和接班人。学校一切工作的根本目的在于培养人才,学生管理是培养人才的重要手段。学生的思想行为及心理的发展具有不平衡性,需要管理者去引导教育。因此,学生管理机构的工作人员要认真研究、把握学生思想行为的变化发展规律,采取切实有效的措施对学生施以科学的管理,以实现培养人才的根本目的。

(2)加强管理职能,有利于学校教育和教学工作的顺利进行。学校管理工作千头万绪,具体的学生管理更是一项面广量大、费时累人的工作,学生管理工作搞好了,就能为学校创造良好的教学、生活秩序和优美的校园环境,让学校的各级领导有充分的时间和精力做好学校的改革和发展工作。反之,没有良好的管理,就没有良好的秩序和环境,也就没有学校工作的正常运转。因此,为了优化育人环境,必须加强学生管理的职能。

2.管理职能的基本内涵

(1)行为管理。行为管理是一个依照行为规范对学生行为进行调控或让其自控的过程。教学生做事,先教学生做人。这里所说的行为规范包括社会政治准则、法律道德规范和学校的纪律制度等,管理者通过强化手段促成学生认同、内化并逐步养成遵守纪律的习惯,在强化调控过程中要注意学生的自控能力的培养,特别是不良习惯的纠正,只有将调控和自控结合起来,才能提高管理效率,取得好的成效。

(2)学习管理。学习是学生在校的主要任务,因此学习管理是学生管理的核心部分。对学生的学习管理主要包括对学生进行学习目的性教育,增强学习的自觉性;探索研究学习科学,为学生提供学习方法的指导,抓好学籍管理,加强学风建设;塑造学习典型,推广先进经验;重视专业技能的培养,提高学生服务未来社会所需的各种专业技能等。

(3)生活管理。学生的生活管理主要是通过管理和教育等调控措施来提高学生的生活自理能力、生活自理效率,培养学生的生活自理习惯,增强遵守学校生活秩序的自觉性。生活自理能力是指学生学会生活,能够掌握日常生活的知识与技能。提高学生这方面的能力,必须组织学生参加劳动锻炼,诸如组织学生开展日常公共环境卫生清扫、督促学生讲究个人卫生等。生活自理效率主要是指让学生学会管理时间,提高时间利用率。生活自理习惯主要是指良好的生活方式的养成并逐步形成习惯。在这些能力、习惯的培养形成过程中,让学生体验到收获的乐趣,从而自觉地遵守学校生活秩序。

(4)自我管理。自我管理是学生能动地管理自己的过程,主要包括自我认识、自我激励、自我控制等动态过程。自我管理是学生管理的必然归宿,因此培养学生自我管理的能力应成为学生管理机构的重要职能。

(三)教育职能

学生管理机构的教育职能是学生管理机构按照教育方针的要求,向学生传授必要的道理和知识,从而全面提高学生素质的一种功能。学校要把学生培养成未来社会主义建设的新型人才,就必须充分发挥学生管理机构的教育职能。

1. 教育在学生管理工作中的作用

（1）教育能提高学生的思想认识水平和判断是非的能力。在实施管理过程中，对学生进行思想教育，不仅仅是让学生明确管理制度的重要性，从而自觉地遵守它，更重要的是要通过教育逐步提高学生的思想认识水平，让其从理性的角度认识客观世界、认识社会、认识个人与社会之间的关系。在此基础上促使学生认识判断是非的标准，增强是非判断能力。而是非判断能力的增强，又可以反过来促进学生在管理过程中不断检查自己和他人的思想、行为，从而进一步增强学生管理的效果。这种判断是非的能力，还能让学生在未来的社会生活中发挥积极作用，进一步完善自我。同时，教育宣传还可以提高学生对学校从严治校、科学管理工作的思想的认识，从而自觉地当好学校管理的主人，而不是被动地接受管理。

（2）教育为管理取得成效提供保证。教育必须同管理相结合，管理必须要有教育来做保证，这已成为学生管理工作者的共识。教育对管理的作用主要表现在三个方面：在贯彻管理制度之前对学生进行贯彻制度的意义以及管理制度的合理性教育，有利于管理制度的顺利贯彻落实；在制度贯彻过程中对学生进行强化学习的制度，能够促进学生自觉遵守各项规章制度；对因违纪受处理者做好追踪教育，以使受处理者吸取教训，让他人引以为戒。

2. 教育职能的基本内涵

对学生的教育体现在管理中，管理也是为了教育。学生管理机构对学生所进行的教育应是全面的教育，从实际工作来看，教育职能的发挥主要应体现在学生入学、日常管理和毕业三个阶段，并且其中还应贯穿对学生的专业思想教育、素质教育、劳动教育以及美育和体育等。

（1）管理教育。管理教育是指为了提高学生管理的成效所开展的教育活动，具体地说，包括入学教育、就业指导教育和日常管理教育。

入学教育是学生进校后接受学校管理教育的第一步，对学生起着"先入为主"的作用，教育效果如何将在很大程度上影响学生在校的发展。因此，大多数高校、中专学校都很重视入学教育。有的学校将入学教育内涵扩大，形成军事训练、行为规范和基础文明教育、爱校爱专业教育三部曲，循序渐进，巩固和提高教育效果，是一种行之有效的教育模式。

就业指导教育是指在毕业前学生管理机构所组织的旨在引导即将毕业的学生愉快地接受祖国挑选、到最适合自己的工作岗位上去所进行的教育。对毕业生的就业指导随教育改革的进一步深入,会愈来愈受学校的重视和毕业生的欢迎。有的学校还专门成立了毕业生就业指导中心,专门负责这项工作。

日常管理教育是以国家各级教育行政主管部门颁发的行为规范和学校的纪律制度为依据,对学生进行的一种经常性的教育。一般应在学生管理机构指导下,由辅导员、班主任直接实施。

（2）专业思想教育和素质教育。这两项教育是相辅相成的。专业思想巩固了,就能促进学生自觉地提高自己的综合素质;同样地,素质教育取得了成效,也能提高学生对所学专业的正确认识,增强学生从事所学专业的信心,从而达到巩固学生专业思想的目的。

热爱所学专业是每名大中专学生所必须牢固树立的观点,在改革开放时期,鼓励人才流动,这是无可非议的,但人才流动要以人力资源的合理分配、人尽其才为前提,而不应因为流动造成人才的浪费。学校专业的设置、招生规模的确定是以现实社会的需求为基础、未来社会发展的要求为依据的,因此每位学生都必须热爱专业、学好专业,将来才能更好地报效祖国。可见,专业思想教育应贯穿于学生学习生活的始终。

（3）体育、美育和劳动教育是人才全面发展不可缺少的方面。学生管理机构要采取有效措施督促学生加强体育锻炼,增强身体素质;对学生进行美育,提高他们的审美能力;进行劳动教育,培养学生热爱劳动人民的情感和养成勤劳俭朴的美德,树立正确的劳动观念,具备服务社会必备的劳动技能。

第三节　我国高校学生工作管理的原则

一、高校学生管理基本原则概述

原则是对客观规律的反映,是观察问题和处理问题的准绳。高校学生管理的基本原则是指高校在对学生实行全面管理和全程管理的过程中,观察、认识和处理各种矛盾和问题所必须遵守的基本准则,是对学校各级、各方面管理人员进行科学化管理所提出的基本要求。高校学生管理的基本原则是以马克思主义关于人的全面发展的学说为思想基础,以社会主义高等学校人才培养规格为管理目标,以教育科学和管理科学理论为依据,在长期的管理实践中,认真总结学生管理活动的经验教训,不断归纳提炼出来的,是学生管理活动发展到一定阶段的必然产物,它有着丰富的内容,是一个多层次的、相互联系的完整体系。

高校学生管理基本原则集中体现了学校管理的基本规律和本质特征,在整个学生管理过程中起着重要作用。学校各类管理人员,在工作实践中,总是自觉或不自觉地遵循着某种原则,而只有在科学的原则指导下,才会使学生管理工作有效,才能实现管理的目标。高校学生管理工作涉及学生的各个方面,它包括学生行政管理、学习管理、生活管理、思想政治教育管理、校园文化活动管理等,其内容包罗万象,涉及面非常广泛。因此,要使整个管理工作有序进行,实现高校学生管理的科学化、系统化和规范化,就必须认真贯彻执行学生管理的基本原则。

在发展中国特色社会主义市场经济的新形势下,随着高校扩招、高等教育规模的扩大、高等教育由精英教育转向大众教育以及高等教育改革的不断深化,新事物、新问题不断涌现,高校学生管理面临许多新的矛盾、新的课题,面对这些新矛盾、新课题,高校学生管理工作者必须把握方向,明确目标,遵循学生管理的基本原则,勇于探索实践,一切从实际出发,深入研究学生管理的实践活动,坚持学生管理工作按客观规律办事,使学生管理各部门的工作协调一致,相互配合,从而以保证学生管理目标的实现,为社会主义现代化事业培养优秀的建设者和接班人。

二、确立高校学生管理基本原则的依据

高校学生管理基本原则的形成具有很强的实践性,它源于实践,具有充分的实践依据;同时,它又以教育科学和管理科学为理论基础,有着充分的理论依据。

(一)理论依据

理论依据是马克思主义关于人的全面发展的理论和党的教育方针。我国社会主义大学的性质决定了我们必须确保学校培养出来的大学生是具有较高素质的人才,不仅要有扎实的科学文化知识和健康的体魄,而且必须具有高度的社会主义觉悟,即要有理想、有道德、有文化、有纪律。要达到这一教育目标,就必须按照马克思主义有关人的自由全面发展的思想和邓小平建设有中国特色社会主义理论办教育。造就全面发展的人,是马克思教育理论提出的培养目标,是我们办社会主义大学,培养新世纪建设者和创造型人才的出发点和归宿点。"以人为本"的思想应是新时期

高等学校学生管理的重要指导思想,是马克思主义关于人的全面发展理论在新时期的具体运用。社会主义学校制订学生管理的基本原则,就是要以马克思主义的教育理论、"以人为本"的思想及党的教育方针作为理论依据。

(二)科学依据

科学依据是高等教育科学和现代管理科学。高等教育具有自身客观存在的规律性,只有认识和掌握这些规律,并按照规律办教育,才能确保培养目标的实现。高校学生管理作为高等教育的一个重要组成部分,必须遵循高等教育的客观规律。高等教育规律分为外部基本规律和内部基本规律。

外部基本规律揭示了教育与社会政治、经济的外部关系,主要反映教育在国家建设和社会发展中的地位和作用、教育投资的经济和社会效益、教育的主要社会职能等方面。尽管在教育、政治、经济与社会文化等诸多关系中,它们存在着相互影响与制约的作用,但总体来说,在政治、经济、社会文化与教育的相互关系中,是政治、经济、社会文化决定教育而非教育决定政治、经济、社会文化。因此,随着政治、经济、社会文化的变化,教育也将发生变化以适应和服务于政治、经济、社会文化。作为高等教育中的学生管理,当然也如此,一部中外的教育史,往往折射出中外的政治、经济和社会文化变革史,这是高校学生管理者必须明确的。

内部基本规律揭示了教育的内部关系,主要反映在培养目标,不同专业人才的培养规格、途径与方法等方面。这些与社会的变化密切相连,科学的发展,促使教育手段的优化,科学的发展和社会的变革,对人才提出了新的要求,这又促使教育的培养目标发生变化,如此等等,不一而足。高校学生管理必须遵循教育规律,要根据我国高等教育发展的状况,充分认识高级专门人才培养对发展社会主义市场经济所起的积极作用,使我们培养的学生主动适应社会的需要。要进一步明确社会主义高等学校的培养目标和人才规格,端正办学指导思想,摆正德、智、体三者的关系,积极探索更为有效的管理途径与方法,使高校学生管理系统化、科学化和现代化。

运用现代管理科学的理论与方法对高校学生进行管理,是时代发展的必然要求。现代管理科学作为高校学生管理原则的依据,就是在制订学生管理基本原则时,使学生管理队伍的组织机构严密、管理制度科学、人员分工合理、职责范围明确、奖惩分明、动作协调、工作高效。高校学生管理人员要善于运用现代管理科学的系统整体性原理、要素有用性原理、动态相关性原理、人的能动性原理、规律效应性原理、时空变化性原理、信息传递性原理、控制反馈性原理等,使学生管理组织系统化、管理决策科学化、管理方法规范化和管理手段现代化。

(三)实践依据

实践依据是五十多年来我国高校学生管理的经验与教训。社会主义大学必须坚持中国共产党的领导,坚持社会主义办学方向。坚持党的领导就是用党的路线、方针、政策作为社会主义大学管理的基本指导思想,就是要确保社会主义大学的社会主义方向,调动全校师生员工的积极性,为培养全面发展的 21 世纪的建设者和接班人而不懈奋斗。一切管理工作都要根据党的路线、方针、政策去组织和实施。各项规章制度的制定都要有利于调动广大师生员工建设社会主义的积极性,有利于合格人才的培养,为社会主义市场经济的建设和发展,为社会经济协调持续发展和全面建成小康社会服务,这是确立高校学生管理基本原则的立足点。

高校学生管理工作规范化、制度化,把符合社会主义方向的,又经实践检验的,较为成熟的民主管理和科学管理体制、程序、办法用制度形式固定下来,使工作形成规范,其核心是责、权、利相结合,使制度的思想性和科学性相统一。

坚持实践第一的观点,理论联系实际,面向社会,实行教育与生产劳动相结合。社会主义高校培养的人才,必须适应经济社会发展的需要,在思想上有高度的社会主义觉悟,诚实守信,敬业乐群,有奉献精神,在业务上既要有较好的理论素养,又要有较强的分析问题和解决问题的能力,要有脚踏实地的实干精神和开拓创新的创造能力。这既是高校学生管理原则制订的出发点,又是其归宿。

尽管中华人民共和国成立 70 多年来,我们的高校学生管理取得了成功的经验,但并非一路凯歌,在成功中也有教训。例如,随着中国特色的社会主义市场经济的确立,我国的法制逐步健全,但我们曾一度沿用计划经济时代的学生管理制度,由此而导致高校学生与学校管理之间的矛盾冲突,进入 21 世纪以来,不断涌现的大学生与所在学校的诉讼案告诉我们,高校学生管理制度亟待与时俱进,要有所创新。

三、高校学生管理的基本原则

高校学生管理的基本原则是一个多层次、相互联系的完整的体系,有着十分丰富的内容。

（一）方向性原则

管理是一种有目的的活动,管理工作具有方向性。以坚持社会主义方向为准绳,这是我国学生管理工作的一个重要的特点,不把握住这一原则,就会偏离社会主义的办学方向。我们是社会主义国家,社会的性质制约着学校的性质,进而决定学校一切管理工作的性质。因此,我们的高校学生管理工作必须加强党的领导,坚持党的教育方针,充分发挥党组织的战斗堡垒作用和党员的先锋模范作用,认真贯彻党的路线、方针、政策,在政治上与党中央保持一致;对学生要进行马克思主义、邓小平理论、"三个代表"重要思想、科学发展观、习近平新时代中国特色社会主义思想教育,灌输共产主义思想道德,强化"以人为本"的教育,教育学生学会用马克思主义的立场、观点和方法分析我们在发展社会主义市场经济过程中所面临的新情况、新问题;坚持对学生进行国情教育和社会主义、集体主义、爱国主义教育,提高他们的思想觉悟,坚定社会主义信念,具有良好的道德品质和健康的心理素质,从而成为 21 世纪的全面发展的建设者和接班人。这是高校学生管理工作必须遵循的一条最基本最重要的原则。

（二）科学性原则

高校学生管理的科学性原则是指学生管理活动在遵循教育的客观规律的前提下,用管理科学的知识和现代化的科学技术和手段管理学生。

高校学生管理工作是为教育服务的,因此必须按照教育科学所揭示的客观规律办事,使我们的学生管理工作逐步走向科学化。随着管理科学的发展,现代管理理论与方法已不断引进高校学生管理的各个领域。现代管理理论与方法是科学的管理思想、手段、技术的集中体现,根据它来进行学生管理工作,就可以逐步摆脱经验管理、家长式管理,使学生管理的决策、计划、组织、指挥更加科学、合理和高效,更能适应社会主义市场经济发展的客观需要。

高校学生管理的科学性原则要求我们:建立一整套严格合理的学生

管理制度,逐步实现学生管理机构与制度的科学化。学生管理工作者要加强学习,不断用高等教育科学、现代管理科学的知识和理论武装自己,并结合学生管理的实际情况加以运用,努力提高管理效能。各高校要充分重视管理手段的科学化,要尽可能创造良好的环境和条件,给予必要的经费,配备一定数量的技术人才,以适应在发展社会主义市场经济新形势下高校学生管理手段科学化、现代化的需要,努力提高管理效率,收到管理实效。

第三章 高校学生工作管理的理念与发展

　　"理念"这一概念在 20 世纪 90 年代之前的国内教育文献资料中很少出现，几乎没有。在此之前，"理念"一词一直以哲学术语的身份存在，并且只存在于著名哲学家柏拉图和黑格尔的哲学体系中。而只有从"理念"入手，才能准确理解"高校学生工作理念"这一核心概念。

第一节　高校学生工作的理念与价值

一、高校学生工作理念概述

（一）高校理念概念探析

哈罗德·珀金（英国著名高等教育史学家）曾提出："一个人如果不理解过去不同时代和地点存在的高校理念，他就不能真正理解现代大学。"[①]所以，我们要深入研究高校理念的发展渊源，详细阐述和论证不同视角下大学理念是如何开展的。

中世纪时期的大学孕育了"高校理念"并详尽地诠释着它的内在意义。大学是探寻普遍知识并把它传递给更多的人的场所，也是学者们探寻知识奥秘、碰撞智慧火花的场所。这是"大学理念"所强调的内容。

大学理念有着上千年的发展史，经过梳理我们知道：大学理念随着社会发展不断演化。如果大学的时期、类型不同，就可能产生不同的高校理念。另外，教育学者所处时代、国家、流派不同，也会对高校理念有不同的理解。与此同时，国外的教育学家们在教育理念上，大多追求通过某一具体的观念来证实自己个性化大学理念，从而引导大学的发展，这是一种"神似"。国内的一些专家学者热衷于追求那些同质化的理念形式，是一种"形似"。

高校理念是对高校这个主体的基本看法和理性认识，主要包含高校定型理念、高校定位理念、高校定能理念等。高校理念是其内部管理运营的哲学基石，人们从精神、性质、功能、使命等方面认识高校，进一步了解高校与各外部因素之间的关系状况。

简单来说，高校理念就该校校长办学的指导思想和方针，以及人们想要的高校是什么样子的。其中，韩延明先生对高校的界定成为被认可度最高、引用最多的观点，"高校理念"就是人们对多学科、全日制的普通综合性高校的理性认识、追求向往以及其形成的教育观点、哲学态度。理性认识包括高校的含义、使命、宗旨、职能等内容，是对"高校是什么""高校能做什么"的基本思考和看法；追求向往主要包括高校的理想、信念、精

[①]　李正军.高校学生管理工作概论[M].保定：河北大学出版社，2002.

神、责任、目标、走向等内容，是对"高校应该是什么""高校应该做什么"的构思和展望；教育观点和哲学态度包括高校的发展观、改革观、质量观、价值观等内容，是对"学校应坚持什么""学校要把握什么"的思索，是高校教育改革的理论基础、指导思想、基本原则。

近些年，即便一些专家学者对高校理念进行了较为全面系统的界定，但仍存在不足：只追求同质化的概念与细节，无法对高校理念有创造性的认知；陷入某一高校范畴的怪圈，无法对高校理念有一个全面认识。

（二）学生工作概念界定

高校学生工作伴随着社会经济、政治、文化的日益发展而不断变化，并一直贯穿于中华人民共和国高等教育发展之中。我国学生政治工作孕育了高校学生工作，当时的学生工作也仅限于帮助学生政治学习、举办学生政治工作。学生工作在中华人民共和国成立初期没有独立的地位，它只是学校政治工作的一部分。改革开放以来，我国的高校学生工作发展迅速，逐渐有了相对独立的地位。随着政治、经济、文化的迅猛发展，近年来的高等教育事业不断深化改革，高校学生工作发生了重大变化，工作重心转向对学生思想政治的教育、引导以及对事务的有机管理。由于学生工作职能不断延伸，工作范围随之扩大，之前那些被忽视的学生事务逐渐显现，格外引人注目，如学生心理咨询、经济资助、恋爱咨询、就业指导等。学生工作的内涵更为广泛，在强调教育、规范、管控学生的基础上，也要注重对学生的指导和服务工作。

（三）高校学生工作理念的科学内涵及其特点

经过分析比较，可以将学生工作理念大致分为三类。

第一，学生工作定性理念，是指学生理念应是什么的回答，是理念持有者对学生工作期盼的主观愿望。

第二，学生工作的定位理念，规定了学生工作应承担的责任，也对学生工作发展做了定位。

第三，学校工作的定能理念，是指去判断人们在学生工作中是否具有价值。

通过对学生工作理念概念的分析与界定我们可以看出，高校学生工作理念具有如下特点。

1. 学生工作理念是一种指导思想

学生工作理念深刻地反映了教育教学和人才培养的价值选择,是学生工作设计的基本指导思想,规范着学生工作的各种行为。学生工作理念是高校学生工作的指南,是极为重要的部分,它要回答的核心问题是全体教育工作者在怎样的科学思想引导下,需要做什么、怎么做。

2. 学生工作理念蕴涵着改革与发展的思想

学生工作理念是对学生工作教育与管理的客观现实的理论定式,并不只反映客观事实,它能够推动学生工作的改革与发展,并为学生工作设定方向与目标。学生工作理念实现的同时学生工作也将迈向下一阶段。学生工作理念源于实践又要高于实践,在顺应时代发展的潮流时,要不断丰富其内涵,切忌停滞不前,原地徘徊。客观反映和总结高校任务完成的基本情况是学生工作理念的本质。它是对学生工作本质关系、价值方向、基本规律的抽象概括,并不只是对学生工作管理的简单概述。学生工作理念将会指导高校学生工作的开展思路、价值判断和目标实现。

二、高校学生工作创新理念的时代价值

（一）高校学生工作在国家建设中具有重要的地位和作用

实践证明,没有受过高等教育、不掌握现代科学技术的人,就不能掌握现代化的生产手段,不能运用先进的科学技术,无法实现现代化的科学管理,当然也就谈不上建设现代化的强国了。高等教育在国家建设中的地位和作用具体体现在经济功能、政治功能、文化功能、科学研究功能等社会的功能上。科学地管理高等教育是发挥高等教育之社会功能的关键所在。

（二）高等教育内部、内部与外部之间普遍存在的矛盾关系使高校学生工作的协调成为必需

矛盾的协调和解决是高等教育系统存在和发展的前提。社会对高等教育系统的资源投入总是有限的。高等教育资源的有限性制约着高等教育系统内部的一切活动。对高等教育系统来说,个人与个人之间、个人与整体之间,以及系统与环境之间的矛盾构成了高等教育系统的矛盾运动系列。为了解决这三类矛盾,需要增加对高等教育系统的投资,加强其科

学管理,通过管理活动,充分调动系统内外人员的积极性,妥善协调高等教育系统内外的各种关系,最大限度地发挥高等教育投资的效益,实现高等教育的目标。

第二节 我国高校学生工作体系的发展

一、在发展机制上

无论采用何种教育发展模式,最终目的是促进高校形成自我发展的模式,通过自身的一些举措可以及时了解教育的不足之处。目前,一些高校仍注重在数量上发展,注重规格升级,注重更改校名。这反映了我国高等学校仍然在不断地发展、改革、调整和转型之中,也说明高等学校内部尚未完全建立良性的、以质量提高为主的机制。

为防止和限制过度的外延式发展,不仅需要必要的管理和限制,更需要通过制度建设,促使高等学校产生自我约束和自我发展的机制,推进高等学校的健康发展。

二、在人才培养上

首先我国政府要明确高质量的人才对于社会发展的意义,重视人才的培育工作,不仅传授给学生扎实的理论知识,还对学生的实践应用能力进行培训,培养出适合当代社会环境兼具创造性和个性的优秀学子。政府和相关的社会慈善机构增加对高校教育的投入,让高校不用再将时间耗费在筹措教学经费上,有精力集中去做教学模式的改进。

三、在教学改革上

针对学生的学习情况不再统一要求所有学生学习一样的课程内容,但是针对重要科目开展必修学科,学生可以有自己的个性化选择,这样学生学习的热情更加高涨,学生每学期只需要固定完成一定数量的学分任务,整个过程中还是由教师把控教育课堂。在高校内部开展更多类型的研究活动,丰富学生的实践能力。密切政府、高校和人才市场之间的联系,促进学生有效就业,培养学生的实践创新能力和创业能力。

四、高等学校的新变化

(一)高校功能发生了巨大的变化

随着新的教育形式不断变化,高校管理体制也发生了新变化,要想了解高校管理体制变革的内涵,就需要把握高校的社会功能和功能的定位,深入思考改革的重要性。据大学研究资料显示,现代高等学校教育的功能主要有服务社会需要、培养高级研究人才和进行新兴领域研究。而在高校形成过程中,转化了很多智慧成果、培养出很多专业人才,对知识的创新和发展起到了巨大作用,成了社会文化观和社会文化发展驱动力。综上所述,大学可以引领社会文化发展潮流,有其独特的培养人才模式,在社会生活中发挥着巨大作用。

高校在社会生活中的具体功能有:提升公民人均受教育水平,提高公民文化素质建立文明城市;传递先进的科学文化知识和应用技术;宣传解读最新政治领导思想等,在面对当今就业市场严峻的形势下,高校最主要的功能则变成了培养与社会服务需要接轨的专业人才。高校管理体制改革的新要求,就是把权责明确的管理制度和制度约束转变为师生自主管理和科学发展,培养具备前瞻性发展能力的教师和具备综合性能力的学生,进而实现大学的功能。

(二)管理权力主体发生了重大变化

在以前传统的经济环境中,政府统一集中管理高校教育,各地政策统一制定,教学模式与教学内容一同更新变化。但是随着经济改革的深入,市场经济取代原有的计划经济模式,就业市场逐渐进入以前相对固定的高校教育领域,各地政府政策不一定能及时跟上社会形势的变化,改变了政府集中控制高等教育的局面,权力逐渐回归于学校本身。这种高校管理权力的转移使高等教育迅速走向大众化,并且加大与社会的合作力度,可利用的教育资源更加丰富,除政府提供公共产品外,社会每年提供给高校需要的新兴教育服务产品。政府的高校管理权力逐渐受市场形势变化的影响,市场的介入正促成一种新的教育资源分配方式和人才培养模式的产生,教育政策创新需求也随之而生。

（三）教育效用发生了根本性改变

在市场经济的形势下，就业与高校教育连接更加紧密，高校教育也逐渐具有服务产品的属性，也使大学生的求学目标转向了实际就业需求，但这种变化在教育经济学中，还有新的内涵。在过去经济体制下，人们接受高等教育是模式化的行为，大学毕业后直接进入公职单位，为国家服务，工作就基本稳定下来，可能转换工作单位也是工作需要进行的调动，毕业时不用担心是否能找到对口工作，只要安心接受好大学教育。那个时期大学生学到的知识只要可以为国家服务就可以，也不用考虑在整个教育过程中的投入与产出。但是在当今时代下，大学生求学方向完全是为自己服务，更加多元化。

如今大学生接受的高等教育其目的除了提升公民整体社会文明素养外，更主要的是培养创业就业所需专业能力和服务社会的职业技能，与就业市场的需求紧密联系，追求更高的人生目标。现代高校教育这一公共性的服务产品与以往政府控制的教育模式相比，由单纯为国家服务转变为社会各个方面服务，工作时间由长期从属一个单位转为多个单位流转，非长期性地工作于一个单位。

（四）教育形式发生了新变化

伴随着高等教育功能属性的变化，改革传统高等教育形式的要求更加紧迫。逐渐更新的教育形式不仅包括传统课堂式教育，还有成人高考，继而出现成人大学和继续教育，甚至还有开办老年大学。线上互联网技术革新产生了网络远程教育、服务于专业性职位的职业教育等。因为传统的书本式教学，更注重知识能力的培养，缺乏实际操作能力的教育，课堂上往往以教师为中心，以考试结果衡量学生知识掌握程度，这种教育模式已经不再适用于现今市场经济的环境。

关于高校教育的课堂改革，出现了一些新风气，教师与学生不再是一听一讲，而是针对一个话题共同探讨，更加关注学生的个人想法；教材内容随新时期教育思想的变化不断更新；考试形式不再拘泥于传统试卷的形式，采取开放式考试；开办更多新课程等。这些课堂教育新景象在推行过程中虽然存在一定争议，但大体方向是一直推动着高校教育向前发展。

综上所述，高等教育管理体制改革是在实践基础上的大变革，是希望通过教育理念教育模式的革新带来高校教育的新气象。在教育理念方面，高等教育不再是服务于国家的单一产品,也不只由政府独立管制,而是社会整体需要;在高等教育功效方面,教育是社会的公共事业,是服务于社会各部门需要的人才培养机构;在高校的社会定位方面,高校不是政府的附属品,拥有教育自主权。高等学校的这些变化,对高等学校管理体制改革提出了新要求。

(五)教育质量管理发生了新变化

1.高校教育质量管理的价值内涵

提到发展高校教育质量则离不开探讨高校教育的价值,"价值"一词最早是在哲学概念中产生的,人们对于价值的普遍理解是一个物体和另一个物体之间的关系,一方能不能满足另一方需要,如果一个物品不能满足其他客体的需要,那它就没有价值,是无意义的东西。将其放在教育领域就是高校教育质量不能满足社会对于人才和技术的需求,高校的教育活动就是无意义的。教育政策是政府教育部门针对高校教育问题结合国家教育理念制定的高校教育指导方针,教育政策是为教育质量服务的,教育政策也有它的价值体现,假如教育政策的具体条例不能增加高校教育教学的水平,不能满足高校对于领导方针的需求,教育政策就只是一条空口号。将价值概念与教育过程中的各个理念相结合是为了让人们更加深入了解政府为提升教育做的各方面的努力,能够明确看见高校教育的进步,如果社会在促进高校教育的方面也能有其衡量标准,确定帮扶方向,社会对高校教育的帮助会更加有效率。

目前对于高校教育质量管理的检验标准没有达成统一的认识,所以各个国家教育领域的学者对此展开了研究,提出了在教育活动过程中应该平衡的两点要求就是效率和公平,注重教育过程中的培养人才的效率,教育就是为了培养专业人才提高企业发展水平,只有为本国培养出高水平的人才,才能够提升自身在国际范围内的话语权和主动权。因此,"注重效益"必须包含在高校教育质量管理的价值选择的基本内涵中。

在注重"维护平等"的时候不能忘记保障高校教育质量,就其本身来说高校教育有自己的教育主体,高校教育是为教育主体发展的。[1] 在高层次教学的环境中,不能将效率与公平分开,如果只重视教学效率和培养人才效率会忽视对于教学设备和学生学习能力的关注,会使学生的学习积

---

[1]　丛晓峰,刘楠.高校教学改革与质量管理研究[M].北京:中国海洋大学出版社,2008.

极性下降,沉迷于机械式学习。而且教育的效率分为很多种,有教学效率和答题效率等,但是有许多的改革者将改造专业获得的经济效率放在首位,假如学校的教育只看重通过每次的教学改革能够带来多少经济利益,学校就会变得商业化,使校内师生心理负担更重,担心自己创造不出更高的经济价值就会面临淘汰命运。但是,不看重教学过程中的效率也不可取,对教师的教学和学生的掌握情况如果不用效率来衡量,那会给双方极大的随意性,二者的行为会更加体现个人想法,缺乏前进动力,所以要通过一定方面的效益保障来提高教育过程中的平等。

2. 高校教育质量管理的价值取向

（1）价值冲突

在参与高校教育活动的各个利益主体中,每一主体对于高校教育结果的要求都是不一样的,在这种情况下就需要政府制定的教育政策要从多方面去衡量其标准,如果不能将教育过程中的各个主体之间的利益关系协调好,高校课堂教育过程就会受到影响。

①功利主义的价值标准与缺陷

从 20 世纪开始,功利主义由于其操作方便而对社会各界都产生了深远的影响,被广泛应用于政治、经济和法律等方面作为价值评判的标准。功利主义认为,政府的价值取向应该是对有限的资源进行科学合理的安排使其效益最大化,对具体个人来说,就是要尽可能保障个人的福利。为了大幅提高教育质量,提升学生的就业率,学校领导过于将优质资源偏向应用学科,忽视了基础学科的建设,造成教育质量在不同学科领域出现了发展不均衡的现象。高校的受教育者一度成为从教人员追名逐利的工具和手段。

由于受到高校内部功利主义的严重影响,教育的价值观变得狭隘扭曲,高校教育的职能也受到了限制。功利主义的消极影响引发了一系列问题。第一,人们只停留在短期的利益上,而没有用发展的眼光看待高校教育的价值。第二,高校将大量资源都运用于实践性强的学科,忽视了基础学科的建设发展。第三,只注重学生的"片面教育",忽视"全面发展"。[①]第四,过于看重资源的分配,没有切实做到教育公平。功利主义认为,教育质量的提高可以使社会公益机构和企业加大高校教育资金投入,可以创造更多商业利益。但是,功利主义的价值观念就是把重点学校的重点

---

① 马义中,汪建均.教育部高等学校管理科学与工程类学科专业教学指导委员会推荐教材质量管理学（第 2 版）[M].北京：机械工业出版社,2019.

▶41

专业发展好就已足够,其他基础学科发展得如何都和学校利益没有太大的关系。这种教育观念取得的办学效果明显,但是基础学科学生的相关权益却无法得到保障。当学校的制度和学校的发展不相匹配的时候,必然会出现"教育危机"。

②理想主义的价值标准与缺陷

理想主义的概念在很久之前就被人们提起。两千多年前,理想主义萌芽就已出现,伟大的哲学家柏拉图认为希腊应该是一个正义而完美的城邦,并提出了"乌托邦"的理想社会,亚里士多德坚信"幸福岛"是真实存在的,他们都追求正义和自由,为了突出这种本质,构建出了多种理想型社群。理想社会是自由和平等的象征,使人们身处其中不用考虑外在的一切,充满了虚幻和不现实。

自由教育是当时的等级社会中只有上等社会阶层才存在的一种特权教育,如同人的"大脑",普通教育则是"身体"。理想主义者艾德勒提出,自由教育在对任何人、在任何时间、在任何地点的最终目标都是一致的。

十年树木,百年树人。教育是一个战线长远的公益性事业。但如果没有正确认识到理想主义的价值理念,也会引发许多问题。第一,高校教育无法实现公平公正,只能成为政策制定者和相关利益集团的获利工具。第二,在践行教育目标时,受到理想主义观念的影响,没有严格落实教育目标和价值理念。第三,过于坚持理想主义,会出现"绝对平均主义"。

在理想主义的价值观念中,政策的唯一标准是公平。在开展教育活动时,理想主义认为,不管资源多少,都需要平均分配,与后来提出的人权平等的观念如出一辙。这种价值观念虽然在一定程度上适合长期的教育发展,但也有可能会引起"全面平庸",即教育的发展无法促进现实社会和经济的发展。如此一来,教育的外部环境因素不得不对高校教育的体系进行内部的深化改革,从而不断适应外部环境的变化,这种做法也会导致"教育危机"的出现。

在制定保障政策的过程中,也难免会面临价值观念的选择问题,即是追求资源分配的效率还是追求教育资源的公平。在进行价值选择时,首先要确立能够反映受众需要的政策目标。政策的实施手段即达到目标的方法,没有正确的方法,就无法实现政策目标。而价值选择的最近一个过程是政策的最终结果,即政策的评价标准空间是何种价值观念。

随着社会的利益不断多元,政策的价值标准也应该随之多元化。要确保公共政策目标公平、合理,就必须要整合各种不同的价值观念和取向。整合不同的价值观念的重要方式之一就是要确定政策有哪些优秀的价值标准。优秀的价值标准是指在符合绝大多数群体利益的情况下还能够兼顾其他社会群体的利益,或者将其他群体的利益损失降到最低、被社会群体广泛认可的价值标准,也与"帕累托最优"相吻合。如果在制定相关保障政策时,无法根据实际情况做出正确、合理的选择,就无法实现最终目标,引发一系列现实矛盾,便会弱化价值观念。

可见,无论确保"公平"还是确保"效益"都无法摆脱"教育危机"的出现,无法促进教育保持持续发展,但公平和效益本身并无优劣之分,都是发展高质量教育的过程中需要考虑的现实问题。同时,教育对于不同主体来说有不同要求,在落实教育政策的过程中,人们主要从内在尺度的层面考虑制定的保障政策的价值观念是否能够满足个人发展需要,是否能够实现个人价值,再进而决定是否要接受这种价值选择观念。结合我国高校教育的实际情况来看,要提高教育质量,需要始终坚持"效率优先、兼顾公平"的基本原则,既要以功利主义的一部分观念为指导,也要制定科学、公正的制度加以补充。精英教育和大众化教育是我国高校教育质量管理体系中的一对基本矛盾。在扩大高校招生规模的同时,重点高校的政策也会逐渐凸显。

为提升资源分配效率,高校在教育质量管理方面必须要通过各种形式提高自身的核心竞争力,如扩大办学规模,合理分配资源,促进应用学科和基础学科的协调发展,不断优化资源分配体系。要实现价值的公平,高校教育在制定教育质量管理相关政策时就必须始终以"公平"为基本原则,确保制定过程和保障活动结果的公平。但在保障活动的具体实施过程中,并非所有活动都体现出公平性,如一些历史底蕴浓厚、地理位置具有一定优势的高校,并未公平对待部分内陆学校和学生,便使得"公平"和"效益"失衡。

（2）利益冲突

从高校教育质量管理的相关文件政策中可见,各方面的冲突显而易见。这些冲突主要表现为保障政策的价值冲突即高校教育质量管理体系的主体之间存在的严重利益冲突。具体来说,教育基础较好的学校拥有政府较多的资金和设备投入,教育基础本就薄弱的高校则更加缺少发展空间;各高校之间相同专业方面会存在一定的竞争攀比,但都是朝着国家和政府对专业的基本要求方向发展的,没有产生恶意竞争现象。

各价值主体间的利益冲突主要有:中央政府和地方政府之间、政府和高校之间、普通高校与职业技术学校之间的矛盾等。我国教育目标的最高层次是要满足于国家发展的需要,但是高校教育与社会基础存在一定的联系,在具体的教育培养活动中各方参与力量难免会对教育过程,教育方案产生一定的干扰,因此当前急需相关部门清理教育培养的影响力量。

我国目前针对国家政策需要建立起了国家重点培养大学,这是高校之间不断发展的结果,评选的过程都是处于大众监督下,受到人民群众的认可,应当是符合高校教育质量管理体系的秩序和最终目的的。但是对高层次院校进行排名次后,高校在发展时不能只顾如何提升学校的综合竞争力,忘记在教学的过程中最重要的主体仍然是教师和学生,不能减少对学生接受能力的关注。通过总结近几年我国发展高层次教育的经验,如果想要提升教育质量就会引发教学活动有关的各个主体之间产生利益矛盾,一旦不能将这些主体的问题解决掉,教育质量会非常受其影响。假如社会的各方力量不能将教育发展放在优先的地位,那人们就会开始轻视教育培养人才的效果,社会企业会陷入迷茫状态。

可见,我国的高校教育质量管理体系存在着诸多利益冲突,这是其价值冲突在教育中的集中体现。在高校教育的质量管理利益冲突中体现出的是资源分配和竞争之间、经济效益和正义结果之间、自由市场和秩序之间的多种价值冲突。

（3）价值选择

①酝酿期的实际价值选择

随着我国高校教育的自主权不断提升,政府对高校的教育质量的评估也不断加强,评估标准也不断提高。对高校的教育进行多方面监督,包括高校的学术研究水平、学科发展状况、学校的行政和后勤、实验室的管理等诸多方面。此外,在最高教育相关部门的集中领导下召开了一系列关于教育评估的学术研讨会议,各领域的专家学者共同对国外的先进教育经验展开学习,找出我国教育评估实践过程中存在的问题并寻求有效的解决途径。社会的发展进步离不开高水平人才,而人才来自科学合理的高校保障制度。因此,教育体制改革刻不容缓。

②探索期的实际价值选择

高校教育发展的核心问题是质量,制定高校教育质量标准的主要依据是国家的新型教育政策。

随着我国高校教育的规模不断扩大,其教育质量也受到了一定的影响。我国的高校教育也面临着前所未有的机遇和挑战。高校招生规模扩大,学生数量大幅增加,教育资源严重缺乏,学生生源质量也无法得到保证。发展高校教育如果只停留在扩高校学生数量方面,而忽视了教育质量的提升,则算不上是高校教育的发展进步。

③创新期的实际价值选择

21 世纪以来,我国高校教育的质量标准改革经历了前所未有的变化。高校的教育逐渐重视对学生的素质教育,其标准也更加全面和多元。随着高校教育质量标准的提升和社会发展的实际需要、高校的课程设置更趋于职业化,满足市场企业对于吸纳高校人才的需要,高校教育质量观念也逐渐转变为符合自身发展要求的多元教育质量体系,最终实现高校教育质量管理多元。综上,在创新发展阶段,我国高校教育质量管理的价值选择主要以激励为主。

④完善期的实际价值选择

对高校教育进行价值评估是对其是否教育合格并满足市场预期的检验。在高校教育的发展过程中,高校教育评估在价值观念的认识上也出现过问题,将高校教育评估作为政府评判高校教育的社会性价值的工具,磨灭了人们对于教育真正价值的认识。等到我国高校教育发展到一定规模,我们对教育评估逐渐有了科学正确的认识,高校教育评估的主体对象也逐渐多元化。高校中的师生、社会组织、中介机构等都是评估主体当中的一部分。

高校教育是为培养人才而开展的教育活动的总体性概括。随着人文主体地位逐渐受到重视,学生在决定享受教育时也越来越注重自身的全面发展,满足个人的成长需要。为了适应社会和经济的不断发展,我国也在不断进行教育改革,以期能提升全社会对高校教育的关注度,在培养人才时更加注重"以人为本",即培养全面发展的人。

"以人为本"的教育观念认为,开办高校教育就是为了让每个个体都能得到全面、和谐的发展,突出个体中心的价值观念。高校教育质量管理则是通过完善质量的标准进而实现受教育者的全面发展。因此,高校教育质量管理行为的落实不能只考虑到社会发展的现实需要,更应该将人的全面发展放在首要地位,并始终以此为目标促进高校教育人才培养的体系完善和发展。

在完善期间,我国高校教育质量管理必须要从人的实际需要出发,这是社会发展和人类发展的必然结果。高校教育质量管理必须以"培养人才为中心",开展"素质教育",兼顾资源分配效益和教育质量,实现多元价值目标。

因此,我国高校教育质量管理经历了以上几个阶段。酝酿时期,高校教育质量管理是政府提高对高校控制力的主要手段,是政府行政职能的体现;发展时期,教育发展状况成了各国攀比的工具,满足各国对于国际地位的需要;革新期,高校教育是对于全社会都有益处的教育模式,最终发展到完善期,产生了多元价值取向。

3.高校教育质量管理的实现路径

习近平总书记在视察北京大学时指出,目前我们党和国家都迫切需要发展高校教育,迫切需要具备扎实的知识基础和优秀能力的人才,这种迫切是前所未有的。教育兴则国家兴,教育强则国家强。面对世界各国都大力发展高校教育的情况,我国也应该采取新的策略改进办学模式,高校教育必须积极解决"培养什么样的人、如何培养人、为谁培养人"的根本性问题,以"立德树人"为根本任务,牢固树立科学正确的价值观念,做到与新时期和谐发展。因此,高校教育更要提高质量管理,在以下几个方面实现时代发展和社会进步的需求。

(1)教育要去行政化

可以说,这是解决目前高校教育质量提升的最有效的途径。通过去除教育的行政化,高校能够将重心放在教书育人上,强化质量意识,真正提升教育质量。目前我国的教育行政风气严重,官僚主义也逐渐蔓延。因此,我们要向西方国家学习其教育体制的经验,在实践中不断探索和完善教育体系,在学校内部建立教育质量保障体制,不断完善管理结构。要做到教授掌握学术研究权力,将学术自由还给教授,加强教育质量管理。在实际的教学课堂上,教学进度要考虑学生的实际接受水平,管理也要体现出人性化的一面。

(2)要以"培养人"为最终目标

高校并非生产"就业机器"的工厂,不能只注重培养学生的应试能力,也要教会学生为人处世的道理。耶鲁大学老校长施密德特曾提出,大学是用来培养有着独立的思维能力、表现自己的思想的人才的地方,这是其糟糕之处也是最理想之处。大学所培育出的人才应该具有独立的思想、解决问题的能力、直面困难的勇气等品质,这是教育质量的真正体现。

(3)师生参与相关政策制定

学校在制定相关政策和规则时,要充分听取师生的意见与建议,其中教师的意见尤为重要,是决策实施的重要保障,能够充分调动师生的积极性,为学生的成长和学习创造更加适宜的环境,也能够促进教师不断进取,提升自身综合能力。

(4)教师的综合能力在很大程度上决定了教育的质量

教师的言语和行为都会对学生造成潜移默化的影响,在教学过程中需要形成这样的良性循环,促进教师和学生的和谐发展。但也存在着一个现实问题,即高校内部许多人都渴望成为领导者,而忽视了课堂教学,无法真正提高教育质量,所实施的一系列政策和制度都无济于事。这也会在一定程度上导致人们形成"功利主义",为了追名逐利而开展无谓的竞争,无法从根本上解决教育质量下滑的问题。因此,高校必须充分考虑办学的终极目标,从源头上系统地解决问题,提升教育质量。

（5）核心任务是"培养人"

高校的核心任务是"培养人",所开展的一系列工作都需要紧紧围绕这个目标进行。高校教育质量管理的原则是要让学生通过教育实现个人的全面发展,成为社会需要的人才。

（6）实行"管办评分离"

"管"即政府对高校的宏观调控,"办"即学校的自主办学权利,"评"即社会相关组织的评估,政府在对高校教育质量管控的过程中应该扎实推进"管办评分离"的原则,引导高校结合自身的特点和学生的需求不断改进现有的办学措施,促进教育质量的提升。

（7）完善高校内部的质量保障机制

各大高校应该充分结合自身的办学理念和特点,成立相应的内部质量保障组织,聘请相关领域的专家学者开展质量监督和评估,科学地制定相关制度和规则。

第三节　新时期高校学生工作面临的机遇与挑战

一、新时期学生管理工作面临的机遇

历史制度主义认为,制度属于一种连续结构,社会学制度主义认为,制度属于一种认知结构、一种文化规范,应该对制度框架文本进行理性的选择。

当前,高等教育改革的主要内容是对教学质量进行保证,对教学水平进行提高。教学质量是根据高校内部功能定位决定,教学水平是根据人才竞争市场决定。在高校教育改革的过程中,推进教育制度建设是非常重要的,有助于发挥其诊断与管理的作用,解决高校中人才培养的各种问题,为高校教育改革创建良好的环境。通过设定制度,对教学思想、方法等进行改变,树立高校现代化治理制度建设的新理念,是推进教育制度改革的关键。

（一）继承与创新

管理的核心在于基于管理效能基础上进行提升,也就是说基础在于维持,方向在于创新与提升。维持就是对现状的保持,是创新的载体。制度的发展需要保存制度的稳定性,否则就很难捉摸制度的环境,主体也不知道如何做,致使教师与学生在人才培养中丧失方向。

对传统制度的尊重,对现有管理经验的运用,采用现行的模式,将管理经验走向科学化。教学部门需要对相关的管理制度进行改革,一方面要处理好推进与创新的关系,另一方面要承认,创新是一个过程,不是一句口号。因此,需要考虑高校人才培养的实际情况,对办学的规律予以把握,仔细思考部分制度的意义,当然也不能忽视那些办学的实际情况,不能对延续的制度体系进行完全否定。

（二）制度建设与实践创新

教学管理制度不是固定化的文本形式,需要进行创新,而前提在于进行调研与思考。创新是一个不断完善的过程,是基于规范的程度上进行创新。制度建设始终属于规范的东西,必须经过实践,才能对相关思想进行落实。

通过实践,不断进行经验的总结,又可以为进一步的制度建设提供支持。教学管理制度的变革与创新在人类教育活动中得到了验证,还能够成为一个富有生命力的规范体系。

二、新时期高校学生管理工作面临的挑战

与世界高等教育的发展相比,我国高校学生工作起步较晚,但是发展迅猛,具有鲜明的中国特色。全球化对我国高校学生工作的冲击可以从经济全球化、政治全球化、文化全球化和科技全球化四个方面概括。

（一）经济全球化对我国高校学生工作的影响

在全球化下更多跨国公司入驻我国境内,这些公司不仅需要相关专业优秀的人才,还需要从业者具有良好的对外可以良好沟通的能力,因此学生在高校内学习的课程就会根据具体需要进行扩充。同时,知名的国际性公司成为许多大学生毕业后的目标,其工资标准高福利待遇好吸引了大部分求职者,这样这些境外公司就能从众多应聘者中选拔出优秀有

能力者加入,极大地提升公司的综合实力。

1. 经济全球化对我国高等学校人才培养目标提出了更高的要求

新时期人才培养目标定位不断提高,传统单向灌输式教育模式已不符合我国的发展要求和国际形势。仅仅依靠书本知识和课堂学习的教学形式会使学生不具备前瞻观、大局观和发展性意识,无法迎接和应对新时期的新挑战,长此以往将导致我国人才缺失、人才储备不足,不利于我国人才战略发展。因而,学生需要与社会接轨、与时代接轨。注重理论与实践的结合将更加凸显教育改革的力度,培养创新型人才。

2. 经济全球化对我国高校的教学内容和方法必然产生影响

全球化是最先在西方国家中产生影响,所以当其他国家进入全球化大潮中时,西方发达国家已经成为全球化标准的制定者。这些要求对经济发展尚不完善的国家来说压力较大,但是我们也不能拒绝与其接触,隔离于世界形势之外,我们要通过新时期下的高层次的专业教育来培养出熟练应用这些规则的大学生,帮助我国更好地融入全球化的模式。

3. 经济全球化将使我国高校学生工作投入的渠道多样化

跨国公司为扩大影响、追求利润最大化,会直接要求在我国投资办学或合作办学,开设研究所,从而使得科研经费来源趋于国际化。发达国家对于高校教育的发展有着许多经验,已经开始通过满足就业市场需要来设计高校教育专业,这种教育模式值得我们借鉴,这将促进我国一些高校加快与国际接轨,但也对我国政府提出了一个如何从宏观调控上促进高校学生工作发展的新课题。

(二)政治全球化对我国高校学生工作的影响

政治全球化是指政治在全球各国和地区互动、交流、渗透的过程。受政治全球化的影响,国家内部所发生的政治事件会在全球内引起各国广泛关注,一国涉及的问题可能会引起其他国家的共性,进而会形成一些国际化的准则和标准。

我们应该从传统民主制度和观念中解放出来,将其中的优秀成分予以继承、吸收、发展和创新,形成符合时代发展要求的科学民主观。这种科学民主观是传统文明与当代文化相互作用孕育出来的果实,带有浓厚的民族特点和历史沉淀。同时,它也能积极引导学生树立科学民主意识和主人翁意识,形成社会责任感。科学民主观为我国新经济体制下的新政治观提供了思想保障,为高校学生工作改革提供了新契机。

科学民主观进入教育领域对高校的教育管理提出了新要求,高校教育不能仅依据政府安排制定学校的教育课程,更要听取社会各方面对学校管理的意见,促进高校教育走向高质量发展。

全球化发展既有机遇也有挑战,对此要全面分析、正确判断。我国在传统文化的熏陶下,在经济、政治和外交上均以"大道之行,天下为公"体现大国担当。但西方国家的价值体系与我国的主流价值观念和道德素养标准存在冲突,因而在现实教育教学中要积极引导学生树立正确价值观,始终以社会主义核心价值观作为主流价值引导,让学生爱家、爱校、爱祖国,实现全面发展。

(三)文化全球化对我国高校学生工作的影响

在世界文化相互碰撞的当下,存在多种形式的文化互动,这种文化交流互动影响着各个国家、地区本身文化的发展。文化全球化的进程是不对等的,每个国家文化底蕴不同,追求的文化高度不一,在这一基础上进行的文化互动也是不平等的,但各种性质不一的文化充斥于全球环境之中,仍影响着文化互动过程,在互动过程中的世界性文化和民族性文化并存的规律也在发挥着作用。

高校是立德树人、人才培养的重要基地。以往高校国际化视野不够开阔,过于强调学生书本知识的灌输,外国文化课程开设不足、学生国外交流机会少、学生出国留学率较低、宣传效果不佳等,都导致学生的国际交流能力和国际化视野不足。随着全球化发展,国外文化涌入中国,高校人才培养目标和学生发展路径有了更广阔的平台和空间。学生们的眼界不断开阔,有更多的机会选择出国留学深造,进一步提高了我国高校学生的工作质量和人才培养质量。但面对国外众多思潮,高校需要注重思想和价值引领,提高学生的价值辨别力,坚定文化自信。

文化全球化是不同性质文化的交流互动,每个国家的文化历史积淀不同,代表文化也不同,在高校的文化交流则是各个地区、国家的文化思想。通过课本展示、教师讲授的方式,增加学生对外域文化的了解;与此同时,相对应地了解他国文化的外籍教员和思想;学习中国文化的外国留学生人数大幅度增加;在校园生活和课堂环境的接触中,我国学生与外籍学生会交流并且合作完成学习活动;原本仅在校园内学习生活的大学生接触的事物丰富起来了,对生活、世界的思考也更加广阔;这对于价值观逐渐成熟的大学生来说既是机遇,也是挑战。从上面我们可以看出,我国旧有的集中单一教育模式已经不能顺应文化全球化发展的大潮,具有一定的教育局限性,所以关于如何在校园文化中让学生了解多元文化、拓展文化知识面是目前高校学生工作者急需解决的问题。

随着世界格局加速演变,多边外交逐渐深化,全球化为发达国家的价值输出和文化输出提供了便利。发展中国家的民众一旦在潜移默化中接受、认同了发达国家的价值观念便会使国家主流和传统价值受到威胁,影响国家稳定、民族团结。例如,著名的华纳兄弟公司,其实质上是默多克的新闻出口,输出的不仅是作品,更是价值倾向。高校要严守思想政治教育的主阵地,提高大学生的价值观念和文化素养,不断弘扬中华民族优秀传统文化,建设中国特色社会主义文化强国。在物欲横流和思潮汹涌的今天,取其精华、去其糟粕,讲好中国故事、传播好中国声音,为提高我国综合实力和国际影响力提供有效手段。

经济全球化加速了文化的融合发展,也对高校学生工作提出了更高要求,需要高校学生工作不断传承和发扬中华优秀传统文化,打破原始封闭观念,发展更具生命力的中国特色社会主义文化,是提高我国文化软实力,提升国际地位的重要途径。

我国的文化全球化进程应该兼顾中国特色社会主义制度和社会主义市场经济体制,汲取优秀西方文化,将中西文化衔接,不能满盘皆收,在充分体现我国民族精神的前提下,将优秀西方文化融入我国传统文化组成现代的、民族的、开放的中华文化,面对开放式的文化格局,只有我国文化与他国文化能够融合交流,我们才能更好顺应文化全球化浪潮[1]。

(四)科技全球化对我国高校学生工作的影响

我国国际地位虽然有所提升,但在国际话语权方面仍处于相对弱势。要通过提高社会生产力,加强科学技术水平,积极应对和解决国际社会中存在的问题,才能不断提高我国国际竞争力和文化软实力。在高校亟须提升教育质量,顺应时代发展潮流,实现传统单向灌输教学模式向双向互动教学模式的转变,进一步提升学生能力,实现人才高质量培育目标。

科技全球化对我国国情、教育、文化、律法、人的组织行为习惯和价值观等都产生深远影响。为了确保我国国防科技实力不被国外技术所制衡,应发挥好我国科技创新的支撑引领作用,降低科技全球化负面影响。

传统教育模式以校园为根据地,以课程学习与复习为主要内容,无法实现学生生活化的学习要求,也无法从根本上解决教育的普及化问题,不

---

[1]　谭顶良.高等教育心理学[M].南京:南京师范大学出版社,2018.

利于教育的高质量发展。同时,过去因地域和空间限制,偏远地区无法实现教学资源共享,出现教育不公平等现象。而科学技术发展打破了时间空间的壁垒,使教育资源得以共享,日常学习成为可能,促进了教育的改革与发展。

"互联网+"教育模式对教育资源均等化和师生关系平等化产生了巨大的新影响,促使新的教育格局的形成,如何实现教育均衡发展成为现代教育亟须解决的问题。

传统教育注重教育计划和教学进度的推进,对教育效益数据建模的重视程度不够。这会导致教育软实力缺失,无法形成良性生态环境,不利于国内外的文化交流,影响我国文化强国建设和国际地位提升。一定的文化反作用于一定的政治经济。因此,为了促进经济发展,就必须充分利用教育资源,设立新的教育目标和人才培养方案,提升国际影响力和文化软实力,加强我国国际教育服务体系和国际文化体系,为提升我国国际竞争力提供长久的人才储备和新鲜力量。

第四章　高校学生常规管理模式创新

　　　　高校学生管理工作的对象群体主要是学生,这是显而易见的。学生工作具有一定的复杂性,因为涉及学生学习、生活的方方面面。本章主要研究高校学生常规管理模式创新,涉及学生价值观、学习、住宿、思想政治教育、日常管理模式等的创新。

第一节　学生价值观培养模式创新

　　法国哲学家勒内·苗卡尔在《读书方法》中曾说："杰出人才固然能够做出最大的好事,也同样可以做出最大的坏事;行动十分缓慢的人只要始终循着正道前进,就可以比离开正道飞奔的人走在前面很多。"面对多元的价值选择,大学生要坚持主体性,让自己的知、情、意、行保持一个既定的方向。这个方向选错了,当然最后也就错了。如果没有选错,自己坚定不移走下去,就一定能够开辟出新的道路,达到新的境界。

　　在当前大学生的学习生活中,有些学生的价值取向与价值选择左顾右盼,有的甚至偏离主导价值观,这可以说是导致这部分学生不能"成功"的原因。大学生价值选择问题必须要引起我们重视,大学生的价值选择要坚持主体性,不能左顾右盼。

　　在现实生活中,大学生价值观呈现出了矛盾扩大的基本特征,即价值主体的冲突——人本位与社会本位的矛盾;价值选择的困惑——理想主义与现实主义的冲突;价值取向的转变——人伦关系走向利益效率关系;个体人格价值的冲突——观念意识与行为脱节。新一代大学生价值取向多元化更为突出,强调自我价值实现(以自我为中心的现实性)、政治观念淡化等,这必须引起我们的高度关注。如何对学生所形成的价值观有所把握,促进学生努力追求真、善、美的境界,并能在生活中实践个人的价值选择,是加强大学生思想政治教育的核心内容。

　　多元的价值是一种客观存在,"选择"是一种自觉自为的行动,但这一行动不是不可控的。在价值选择的价值判断中,面对多元化的价值必须坚持价值上的主体性原则。也就是要知道选择哪一种价值,追求哪一种价值,这就是一种价值和价值观上的自觉,以及价值和价值关系上的主体自觉性。新形势下,大学生所呈现出的政治、理想、文化、心理、情感、社交、就业、发展等多样化成长成才需求,其实质是进行正确价值选择的问题。

　　关于价值选择的主体标准问题,在多元的价值当中,选择、追求哪一种价值,就要以主体为标准,就是看谁来追求、谁来选择,这个谁就是所谓的"主体"。这个主体一定要实事求是,一定要从自己的实际出发,不要追求抽象的、空洞的,所谓普遍的、一致的、绝对的标准。中国的俗语叫"麻雀不要跟着蝙蝠飞"。麻雀是白天活动的鸟类,到晚上睡觉。蝙蝠傍晚才出来活动。如果麻雀看到蝙蝠飞了,它说哎呀,现在流行晚上飞了,那我就改晚上飞吧,这就叫麻雀跟着蝙蝠飞。放弃自己的主体、主体的尺度和标准,盲目地跟随别人,这样对自己是不利的。①

大学生要审时度势地确定自己该是个什么角色,知道自己是谁,知道自己需要什么、不需要什么,知道自己能做什么、不能做什么,由此来决定该做什么、不该做什么,这就是坚持主体性原则的问题。大学生可能没有这种主体性的自觉意识,但在实际中他们都不自觉地用主体性原则来指导自己的学习生活。社会在变化,大学的教育环境、内容、方式在变化,大学生本身及群体性格和价值标准也在变化,这是不争的事实。如大学生在身份上,由社会精英到社会平民,由稀缺到相对过剩;在职责上,由以前的"报效祖国"到现在的服务社会,由依赖家庭到感恩父母,由集中学习到自主学习;在观念上,从社会标准到自我中心,从群体本位到自我本位,从依附从众到自强自立,独立性进一步增强。大学生的学习、消费、恋爱、择业、交际、休闲娱乐等行为也发生了根本性的转变。大学生一定要明确自己的定位,既不可妄自菲薄,也不可"夜郎自大",提出并实践自己的角色责任,精彩扮演,勇于担当。

第二节 学生学习管理模式创新

一、大学生在学习过程中常见的问题

大学是青年时期学习知识的最后一所学校,是培养掌握专业技能的高层次人才的场所。所以,大学的学习对大学生的学习心理素质要求较高。处在这个年龄段的大学生,其心理素质尚未全面成熟定型,加之我们国家在传统教育体系中不太注重这一方面的培养,所以面对由中学到大学学习的巨大变化,有些大学生在学习过程中往往产生种种问题,从而影响了大学学习的顺利进行,严重的甚至不得不中断大学的学习。

大学生学习中的心理问题主要有:

---

① 于成学.与大学生谈人生:高校学生工作的交往视角[M].哈尔滨:黑龙江人民出版社,2008.

（一）学习适应不良

学习适应不良是大学新生中普遍存在的一种心理困惑,对大学生学习、生活造成了不同程度的影响。大学一年级学生学习成绩不理想与其学习适应不良往往有直接关系。学习适应不良若得不到有效克服,可能会给大学四年的学习状况投下阴影。

（1）学习适应不良的表现

对大学学习缺乏应有的紧迫感和自觉性,对大学学习的重要性、复杂性、艰巨性在心理和思想上准备不足;学习活动中独立性缺乏,对教师的依赖心强,习惯于由教师来安排自身的学习内容、学习计划和学习时间,否则便茫然不知所措等。

（2）原因分析

"不适应"产生的原因主要有主观因素和客观因素两方面。

①客观原因。新生在中学阶段,无论是在家庭里还是学校,都是"重点保护对象""尖子"。而进入大学之后,这种优势丧失了,家庭的保护成了遥远的思念,尖子生的优越成了过去的荣誉。在陌生的新环境中,一切要从头开始,从自己做起,这种种巨大变化,对心理素质尚未成熟的新大学生带来了情绪的波动和不安,从而影响了学习的正常进行。

②主观因素。所谓主观因素,主要是大学生心理发展的不成熟,它是造成学习不适应的内因。

大学生处在青年期这一年龄段,正是心理素质趋于成熟的时期,即具有独立意识和独立意识的人的诞生时期。所以,一般来讲,大学生的自我意识觉醒,独立的成人意识强烈。但是由于现在的大学生绝大多数是从中学直接升入大学,生活的阅历浅、经验少,形成了强烈的成人认同意识与欠缺丰富的社会经验之间的矛盾。加上中学时在高考竞争的压力之下,无论是学校还是家庭,大多只是重视知识的学习,强调分数,而忽视了能力的培养,这就使得大学生虽然有着强烈的成人意识,但在心理上仍然不自觉地对父母、师长有着强烈的依赖性。在客观环境发生变化时,明显地暴露出适应能力差,不能尽快随着环境的变化而及时调整自己。在学习上,还希望教师日日在侧,父母天天督促,因而在现实的学习生活中感到很不适应,产生了消极甚至厌烦的情绪,妨碍了学习。

大学生的学习动力缺乏,是指其学习没有内在驱动力量,没有明确的学习方向,缺乏学习兴趣,甚至厌倦学习、逃避学习。用很多学生的话来说,就是学习不像中学时那么有劲头了。这种状况比较普遍,如不及时调整,会形成"厌学风",严重影响大学生的学习效果。

造成这种现象的原因,首先来自社会。在当前的社会生活中,存在着知识贬值的状况,教师人才外流,更多的是"下海"经商赚钱等现象,深深地刺激了大学生。他们错误地认为,现在学了没用,以后还不一定干什么呢。其次是来自学校,目前教育体制的改革还不深入,从教学内容和方式上基本上还是传统的一套,有的已近乎陈旧,这也影响了大学生的学习热情。

另外,也有大学生自身的原因。首先是心理上的自然松弛。经过高考的激烈竞争,一旦录取了,从心理上便长长地松了一口气。加之进入大学后,学习不那么紧张,新的目标还没有明确形成,所以,学习的动力就比中学差多了。其次是学习动机的原因。学习动机是学习的内部动力,它源于个体的内部需要,取决于以下三个方面:动机强度,即需要的强弱、迫切程度;动机清晰度,包括目标的明确程度,实现目标的自觉程度和精力的集中程度;目标距离,一般来说离目标越近动力强度越大,目标实现在即,强度值最大,目标实现了,强度减弱。随着新的目标的确立,进入新的循环。也就是说,动机的强弱受需要层次的高低及由此而产生的目标决定。近年来,大学生受社会上一些思潮的影响,价值观越来越趋于实际。表现在需求上就是越来越偏重"自我""实际",甚至于有的人认为考取大学等于"铁饭碗"端上了,奋斗也就到此为止。所以,一进入大学后,反而感到没有目标,学习自然是对付。

（二）学习过度焦虑

由于过度焦虑,使这些学生在学习中不能正常发挥心理效能,注意力难以有效集中,在问题面前显得呆板固执,尽管花费了大量的时间和精力,但学习效率很低。有些学生为了减轻学习焦虑,对学习采取回避、退缩的态度和方式,逃避、害怕、厌烦学习和考试。或是因心理压力过大,导致神经衰弱等心理障碍。

（三）学习心理疲劳

学习心理疲劳表现为注意力不集中、思维迟钝、情绪躁动、精神萎靡、学习效率下降、学习错误增多、出现失眠等。心理疲劳不同于生理疲劳,生理疲劳是由于肌肉活动过度,使血液中代谢废物如二氧化碳和乳酸增多,导致腰酸背痛、乏力等。心理疲劳是大脑细胞活动持续时间较长,导致脑细胞处于抑制状态。学习心理疲劳若得不到及时有效的消除,不但影响学习效果,而且容易使精神状态不良,甚至引起神经衰弱等心理障碍。

(四)应试心理偏差

1. 考试焦虑和怯场

考试焦虑是担心自己考试失败的高度忧虑的一种负情绪反应,考试怯场是考试焦虑在应试中的急性反应,是指因各种原因造成的情绪紧张且使原来已形成的熟练的识记内容不能重新再现。

常常看到这样的学生,在应试过程中紧张恐惧,思维迟钝,记忆力下降,甚至会引起生理上的不适,如腹泻、失眠、恶心等,严重焦虑会导致应试中出现"晕场休克"。其实,应试时的紧张感是一种正常的应激——指由外界情况变化,主要指比较紧急的或危险的状态所引起的一种情绪表现。

2. 作弊心理

作弊,在高校的考场上颇有市场。每一次考试,总会有人不惜以身试法,并因此而受到处分。助人作弊者也往往株连难免。

大凡作弊者,一般都是以下几种:一是由于学习动力的缺乏而"混日子"的同学。一入学就等着拿毕业文凭,所以平时学习松怠,考试时不愿费劲,但拿文凭就靠门门 60 分,这关总要过,所以,把希望寄托在作弊上,既不费劲,又可及格。于是视考场纪律不顾,以身试法。二是平时学习比较用功,但是自尊心太强,把分看得高于一切,高分是一种优势的保证,所以唯恐自己的考分低于他人,一旦遇到不顺利时就不惜铤而走险。三是偶尔为之。所谓一念之差者,比如怯场,本来准备得很充分,却因为过度紧张想不起来了而影响了成绩,太不甘心,所以,豁出去了,就这一回。

总之,无论出于什么心态,何种原因,作弊者的目的是一致的,就是得到自己所期望的分数:起码及格,力争优秀。所以,在这个目标的驱动和侥幸心理的支配下,选择了一种错误的行为方式。

二、管理大学生学习的策略研究

（一）学习心理辅导

1.适应大学生活

（1）调整自己的方位。每个人在现实生活中，随着外界环境的变化，都要不断地调整自己的位置，使自身的需求和发展与社会的需求和发展相一致。尤其是在生活的时空发生重大变化的时候，这在心理学上称为"角色转换"。大学生活对每一位大学新生来说，无疑是一次很大的变化。这就要求我们能尽快调整自己，找到自己在新的大学生活中的最佳位置。

首先，要平定情绪，不要被一时的不适应吓倒。"角色转换"在人的一生中经常出现，其间所出现的不适应到适应是很正常的。其次，尽快从高考后的懈怠、成功的陶醉和入学的新奇中摆脱出来，使自己及早进入角色中去。最后，努力去摸索和掌握大学学习的特点和规律，做学习的主人。

（2）培养自信心。大学是人才云集之处，大学生基本上都是中学生中的佼佼者，如今走到一起，过去的那种"优势"和"优越感"都不再明显，甚至已不复存在了。过去由荣誉而形成的强烈的自尊心，在现实的变化面前，由于心理承受力的脆弱而产生了自卑感，从而使有些大学生对自身的智力产生了疑问，甚至失去了学习的信心。

所谓自信心，是指对自己力量的充分估计，是自我意识的重要组成部分，是一个人成才的一种重要的心理品质。

（3）寻找最佳的学习方法。最佳的学习方法是保证学习顺利进行并且取得良好效果的一个重要的前提条件。对大学生而言，由于大学学习的特点和要求，寻找一个符合自身特点的学习方法就显得尤为重要。什么是最佳的学习方法呢？其标准一是符合自己的实际情况，二是能提高学习效益。大学学习的一个突出特点就是以自学为主，所以围绕这个问题，大学生寻找最佳学习方式应在以下这些方面给予重视。

①阅读。阅读是获取知识的必由之路。当今知识的更新与发展越来越迅速，以个人的有限精力一切从头做起是不可能的。所以，掌握阅读的方法，对于学习特别是学习书本知识是十分重要的，尤其是对处在集中学习阶段的大学生而言。正如牛顿所说："如果说我看得远，那是因为我站在巨人的肩上。"但是，能阅读不等于会阅读。因为对于认字的人来说，阅读是一种自发的活动，凡是识字的人都能阅读，但是"大多数人不会阅读"。区别就在于"能"阅读的人，读书的过程是个并不复杂的过程，把自

己的头脑变成了名家名著的复印机和保存室。而"会"阅读的人,会在书中找到有利于自身发展的智慧,以此为基础去发挥自己的潜能,为社会做贡献,所谓"活读运心智,不为书奴仆"。

②积累文献资料。大学的学习以自学为主,它有一位非常好的帮手——图书馆。作为知识的宝库,也可以说它是一位无声的老师。每一位大学生都应该成为图书馆的朋友和学生。那么,如何充分有效地利用图书馆呢?首先,提高检索能力。前人云:"凡读书最切要者,目录之学。目录明,方可读书;不明,终是乱读。"其次,做索引和卡片。把有用的资料按自己的方式做成索引,或是制成卡片,一旦需要的时候,可以及时准确地查找到,提高了学习的效率。再次,记笔记。俗话说:好记性不如烂笔头。笔记不同于卡片,在于它还随时记录下自己当时的灵感和想法,夹评夹议,是提高阅读水平的重要途径。有人说,"好的读书笔记,就是论文的雏形",此话确有道理。此外,还有很多的手段。无论是什么,关键在于"勤":手勤、脑勤,养成良好的习惯。

③科学运筹时间。英国博物学家赫胥黎有一句非常富有哲理的话:"时间最不偏私,给任何人都是 24 小时;时间也最偏私,给任何人都不是 24 小时。"也就是说差异在于你是否能合理和充分地利用时间。

对于时间在学习中的价值谁都明白,特别是对处于集中学习的大学生而言尤为宝贵。但是,由于一下子从紧张的中学学习进入了宽松的大学学习,一个很明显的感觉——时间特别宽裕,加之目标不明确,于是有些同学总是会"等明天再……"等意识到了,为时已晚。那么如何安排时间呢?

养成珍惜时间的好习惯。有人说人的一生有三分之二的时间是用于睡眠、吃饭和娱乐,真正用于学习和工作的时间只有三分之一。所以,前人才会感叹"一寸光阴一寸金,寸金难买寸光阴"。

要善于安排时间。一是充分利用有限的时间去多做些工作;二是能巧用时间,积少成多。

丰富充实自己的生活。大学的有形学习只是生活的一部分,学生还要善于从无形的学习,即生活实践中去提高自己。只有充实自己的生活,丰富自己的阅历,才能不枉度大学生活。

2. 提高心理效能

(1)增强学习动力。增强学习动力,从外部的环境而言,需要一种重视教育、重视知识、尊重人才的良好社会氛围和学校浓厚的学习、学术风气,但这有赖于社会的发展、教育改革的深化,并不是一朝一夕就可以达到的。因此,增强学习动力更需要自身的调节能力。

（2）确立明确的奋斗目标。目标明确性是人的意志特征之一,是指一个人能控制行为,使之服从于自己稳定的人生目标。这一目标能指导人的一切行动,使人有决心、有计划、有能力为实现这一目标而奋斗。

（3）培养学习兴趣。兴趣,指的是人对事物的特殊认识倾向,即对某种事物带有主动、稳定、持久的认识指向性,兴趣是情感的凝聚。

一个人若是对一件事有兴趣,就会深入持久地去做,以达到预想的目的。但是兴趣不是天生就有的,而是随着年龄的增长和实践活动的丰富培养和发展起来的。它是重要的心理动力之一,推动人们的实践和创造活动。例如,许许多多的科学家就是在兴趣的引导下,尽其毕生心血去为人类科学文化的进步而奋斗。兴趣对于大学生而言更为可贵,它是求知的动力,热情的凝聚,行为的指向,成功的起点。

（4）增强克服困难的信心。从无趣到志趣的发展是有一个过程的,加之主、客观多种因素的影响,这就对兴趣的培养提出了一个要求:具有坚强的意志品质。只有这样,才能克服种种困难调动自身的积极性,从而顺利地完成大学学习。

3. 保持适度紧张

心理学的研究表明,适度的心理紧张是心理活动所需要的,它能有效地发挥智力水平,调动身心潜能,提高学习效率。紧张不足或过度都不利于正常、有效的学习活动,对此必须有针对性地加以心理调节。

4. 培养应试能力

学习是持之以恒的工作。所谓冰冻三尺非一日之寒,要达到学习的真正目的,除了靠"歼灭战",更要有打"持久战"的作风。只有平时养成良好的习惯,应试时才能艺高人胆大,不会被打乱阵脚。

首先,考试时先做有把握或比较简单的题目,这样可以缓解紧张心情、消除紧张情绪,还可以增强自信心;其次,如果考试中出现"怯场"情况,强烈焦虑、紧张、思维混乱或一片空白,手脚发颤,头昏脑涨,此时应立即停止答卷,伏在桌上休息片刻。同时想一件令你高兴的事,转移注意力使大脑兴奋起来,缓和紧张情绪;或反复自我暗示:"我很安静""我很轻松",并适当地舒展身体;或闭眼、放松,做几次深呼吸(深长、均匀而有节奏),使情绪趋于镇定后再答题。

（二）学习心理调适

〔引例一〕乐极生悲

北京某重点大学的学生,当他高分考入这所学校的时候,心里感到从未有过的轻松和愉快,认为大学也无非如此而已!看小说,睡大觉,课也不愿听,更不复习功课。老师劝告,同学们帮助,他均不以为然,时隔不久,他便感到了被动。加上心理素质差,缺乏应有的承受力,由苦恼到自暴自弃,一年下来,所有考试竟无一门及格,只得按规定退学回家。

〔引例二〕清华园里的自费生

小凌是班长,工作干得非常出色,但很多同学并不知道他是自费生。"知道也无妨,我一点也不自卑,我相信自己的能力不会比其他人差!"小凌说得非常自信。他说自己最受不了别人得知他是自费生后那种同情的眼光,那种小心翼翼的口气。"我不觉得我和其他人有什么不同。"进校门后,他凭着自己的能力当选为班长,工作进展得有声有色,他还是体育、文娱方面的多面手。很巧,这个班的文娱委员也是一位自费生。她也很自信,说要用"自己的工作证明自己的能力"。事实上,这个班的文娱工作也是相当棒的,这并不是一种巧合。

〔引例三〕自强不息

某大学一位男同学,因高考失误没能进入自己理想的专业。但他没有自暴自弃、放弃专业学习上的努力,而是保持了每学期学习成绩名列前茅,并积极辅修第二专业,提前通过了国家英语四、六级考试。

〔简评〕

引例一、引例二告诉我们,新生应把大学生活作为人生新的里程碑,并对自己的未来有所设计,应多读些启发思路、激励人生、有益身心健康的书籍,培养良好的求知心理,克服"60分万岁"的思想,在求知中完善自我,要善于以积极向上的精神面貌去适应新的教学方法和新的学习环境,主动调整自己的学习方法,培养良好的自学能力,以获得好的学习效果。

引例三告诉我们,大学生如何正确对待自己的专业问题,关系到未来的事业和今日的学业。爱因斯坦有句名言:"热爱是最好的老师。"兴趣的产生和发展是以需要为基础的。根据心理学的原理,兴趣是可培养的,而不完全是由客观对象的特点引发的。一个对自己所学专业无兴趣的人,一旦认识到所学专业的价值时,他是能学得下去、钻得进去的。而一旦钻进去了,兴趣也就随之产生了。因此,大学生应积极培养对专业的兴趣和爱好,巩固专业思想。应充分认识到每一个专业都有它的社会创造性和社会价值,只有意识到自己所从事专业的巨大社会意义和个人意义,并把专业学习的社会需要和个人兴趣有机结合起来,才能激发学习积极性,保持良好的学习心境,增强克服学习困难的勇气,从而在自己所从事的专业领域内有所作为,有所造诣。今天,自然科学与社会科学日益相互交叉、相互渗透,特别需要具有在跨学科领域内工作能力的人才。近年来在大学生中这种人才已不断涌现。因此,大学生要提高学习的成效,顺利完成自身的学业,就有必要加强兴趣的培养。

综上所述,大学生应从以下几方面去调适自己的学习心理:

第一,树立正确的学习动机,增强社会责任感和为科学而献身的精神,自觉地将个人利益与社会利益有机结合起来,产生真正催人奋进的内驱力。

第二,勇于培养和锻炼学习中的自信心,保持健康的竞争心理,通过积极参与学习竞争来激发自己的进取心和上进心,挖掘个人的潜力,成为推动自身和社会前进的强大精神动力。

第三,正确对待和适应学习中的压力,并通过适度压力来激发自己的学习积极性,巩固和提高自己的学习成绩。

第三节　学生住宿管理模式创新

一、高校学生公寓教育服务工作的常规运行机制

（一）社会直接管理

高校后勤社会化过程中,由社会投资建设的学生公寓越来越多,相应地由社会直接管理的学生公寓也日益增多。特别是校外的学生公寓多采用这种管理模式,由投资公司建设的高校后勤园区,从土地征用、房屋建设、设施配备到经营管理实行全额投资、全盘经营、全面管理。这些学生公寓普遍实行的是社会公寓化管理,一般由投资方直接管理,实行的是市场化经营管理和服务机制。

（二）学校与社会共同管理

由学校和社会共同管理学生公寓是目前比较主要的做法,比如学生公寓管理委员会管理模式:组建学生公寓管理委员会,由分管学生工作的

校领导任主任,下设公寓管理办公室,负责学生在公寓的思想教育和管理工作,办公室挂靠学生处。

二、后勤社会化条件下的运行机制——学生社区模式

随着高等教育事业的不断发展和高校后勤社会化改革的不断推进,学生公寓管理的机制、体制已经发生了根本性的变革。从高校后勤社会化改革的发展看,由连片学生公寓形成的学生社区的管理模式,在学生社区内建立智能化管理的新型管理模式是一种较为实际的管理模式。

(一)社区化管理模式的定义

学生社区是相对于学生教学区而提出的,在活动空间上主要指学生公寓及其相关区域。学生社区是在校学生学习、休息、娱乐的重要场所,是课堂教学以外对学生进行思想品德、组织纪律、集体主义、精神文明教育等诸方面培养的主要阵地。学校学生社区化管理是指在一定学生社区内,各类组织在学校党政组织的正确领导下,对各类资源进行有效管理,构建科学合理的育人体系,为学生在学业、思想、生活等方面提供专业服务的一系列管理活动和管理过程。

(二)社区化管理模式的组织架构

实行学生宿舍社区化管理,重在做好两个层面的工作:一是学校成立社区管理指导委员会和学生委员会。社区管理指导委员会由相关职能部门组成,主要对社区工作进行宏观的管理与决策,即对日常规范、文化建设、安全措施、服务内容等方面的规划与指导;学生委员会由学生代表组成,主要对社区工作进行监督、评估、反馈。二是学生公寓目前的管理组织。在学生公寓成立社区管理服务中心,下设物业管理办公室、学生事务办公室、学生发展办公室。物业管理办公室具体负责社区的物业服务。学生事务办公室具体负责学生事务管理,由公寓自治组织来组织与实施,下设学生学习中心(思想、公德)、学生活动中心、学生服务中心(勤工俭学)、学生自律中心(检查)。学生发展办公室通过建立党、团组织,扩大党、团组织的覆盖面,通过生活指导老师对学生的成长进行规划、指导。

第四节 学生思想政治教育与日常管理模式创新

一、学生思想政治教育管理模式创新

（一）入学教育

（1）开展爱国爱校教育，激发成才动力。向新生介绍基本国情、形势政策，介绍学校的历史、现状、成就、地位和特色，邀请杰出校友、专家学者做报告，组织学生游览校园、熟悉环境。

（2）开展专业教育，稳定学生专业思想。邀请专家学者介绍专业的现状、就业形势、教师队伍和专业前景，介绍专业的课程体系、课程设置、选课方式等内容，开展师生见面会、新老生交流会，引导学生了解专业、喜欢专业，稳定学生的专业思想。

（3）开展法规校纪教育，规范学生管理。组织学生学习学校的规章制度尤其是与学生有关的规定，如学籍管理、成绩考核、奖惩等有关规定，加强安全教育，增强学生的自我保护能力和安全意识。

（4）开展适应教育，引导学生适应新环境。开展生活适应指导、人际适应指导、学习适应指导、角色适应指导，引导新生正确认识自我、评价自我，处理好生活、人际交往、学习之间的关系，从容应对大学生活。

（5）开展理想信念教育，树立精神支柱。加强科学理论教育和党的相关知识教育，开展形势政策教育和思想道德教育，引导学生树立正确的世界观、人生观和价值观，增强社会责任感和历史使命感。

（二）学生军训

1. 学生军训中的思想政治教育

有效组织，保障军训的顺利进行。采取灵活多样的训练方法，坚持训练和学习相结合，将严格的纪律贯穿于训练中，使学生在潜移默化中形成按章办事、令行禁止的作风；开展文艺演出、歌咏比赛、专题报告会等丰富多彩的活动，寓教于乐，寓教于训，增强学生的国防观念，引导学生尽快进入角色；在训练中，增强学生的集体荣誉感、竞争意识及团队意识，化解军训中学生出现的种种不适、消极情绪、心理压力和思想紧张。

总结提高,巩固军训的各项成果。在多种活动中进一步强化学生对军训的认识,把军训成果转化为学生的行动,激发学生的爱国情感和社会责任感,使其在军训中培养铁的纪律、良好的作风和坚强的意志品质,能够融入军训之后的大学生活和学习中。

2. 学生军训面临的挑战和对策

随着时代的变迁,学生军训也面临着严峻的挑战,诸如军训内容不够现代,大学生参加军训的主动性和积极性有待加强,军训的长效机制有待形成,军训的效果不够明显深入。

针对上述挑战,应科学设置学生军训的内容体系,运用现代手段,综合运用广播、录音、录像,开发多媒体技术,增强军训内容的直观形象性,普及国防知识,提高国防意识,除了开展传统的列队、编队、阅兵、拉练、射击等教育与军事训练外,还要开展现代化的军事训练,组织学生观看现代战争录像片,进行案例分析,使学生了解现代战争的特点和趋势,同时加强对现代军事技术、世界军事形势走向等方面的介绍,增强大学生的国防意识和努力学习科学文化知识的紧迫感,促进大学生专业知识的学习,强化大学生的综合素质。[①]

二、学生日常管理模式创新

(一)学生日常事务管理的方法

1. 实行协议管理

所谓协议管理,是指依据国家有关法律、法规和相关规定,就学校的权利和义务、学生的权利和义务、家长的权利和义务以及承担的责任等作出具体规定,校方、学生本人、家长共同签订协议书,相关事情按协议书的规定处理。实行协议管理制度,是依法管理、规范各方行为、明确责任的具体措施,是促进学生自我教育、自我管理、自我服务的重要手段,教育管理效果非常明显。

根据协议管理的思路,在学生管理中,任何管理内容都要明确各方权利、义务、责任、要求和奖惩,并要得到管理各方的认可,在处理相关事宜时依据协议处理。协议管理是大学依法管理的有效手段。

---

① 王文杰,王海燕.春风化雨 高校学生事务管理工作案例选编[M].北京:光明日报出版社,2018.

2.建立学生自我管理组织

为适应高校学生常规管理的需要,可设学生自我管理委员会,下设若干学生常规管理检查部。学生自我管理委员会的职责是:

(1)在学生工作处的指导下,参与学生常规管理,开展学生思想教育,完成学校安排的各项工作任务,促进学生全面发展,促进良好学风、校风的形成。

(2)协助学生工作处做好各系学生常规管理的监督、检查、考核工作,积极开展自我教育、自我管理、自我服务活动,自觉执行学校各项规章制度,维护学校学习、生活、工作、活动秩序,使学生形成良好的行为习惯。

(3)根据学校安排,协助学校做好学生大型活动的组织工作。

(4)及时向有关部门反映学生情况,维护学生权益,协助学校解决学生中的实际问题。

(5)及时向各系通报本系学生的有关情况,协助各系做好学生常规管理工作。

(二)学生日常事务管理的标准与要求

1.校园秩序管理规定

(1)出入学校、在校园内要佩戴胸卡或携带学生证等相关证件。未佩戴胸卡或携带相关证件者,应向门卫登记。不准转借、冒用、伪造各种证件。

(2)不私自接受新闻记者的采访。向新闻媒体报道本系信息,须经本系领导审查同意,并报学校宣传部门同意;向新闻媒体报道学校信息,须经学校宣传部门审查同意。

(3)不私自邀请校外人员来校参加教育教学活动。邀请校外人员来校参加教育教学活动,须按国家和学校有关规定办理手续。

(4)一般不得在学生宿舍留宿校外人员。

(5)告示、通知、启事、广告等应张贴在学校指定或者许可的地点。

(6)不私自在校园设置临时或者永久建筑物以及安装音响、广播、电视设施等。禁止任何组织或者个人擅自使用学校广播、电视设施。禁止学生在校内私自组织放映活动,学生有关组织确需开展类似活动的,必须写出请示,报经有关部门审查同意后进行。在校内举行文化娱乐活动,不得干扰学校的教育教学和学习、生活秩序。

(7)在校内从事集会、讲演等公共活动和讲座、报告等室内活动,组织者必须在 72 小时前向学校有关机构提出申请。

（8）严格按照学校的安排进行活动，不得破坏学校教育教学和学习、生活秩序，不得阻止他人根据学校的安排进行教育教学活动和其他活动。

（9）组织社会团体，应按照《社会团体登记管理条例》的规定办理。建立学生社团组织，应按照学校学生社团组织管理条例的规定办理。不准擅自以学校及各级组织的名义组织或参与各类活动。不组织同乡会等组织。

（10）禁止无照人员在校园内经商，设在校园内的商业网点必须在指定地点经营。

（11）严禁携带以下刀具进入校园：①管制刀具，如匕首、三棱刀（包括机械加工用的三棱刮刀）、带有自锁装置的弹簧刀（跳刀）以及其他相类似的单刃、双刃、三棱尖刀，无弹簧但有自锁装置的单刃、双刃刀和形似匕首但长度超过匕首的单刃、双刃刀等；②其他各类非学习所需刀具，如水果刀、工艺刀具等能够对人身造成伤害的刀具。寄宿制学生使用的水果刀不得带出宿舍生活区。不准私藏棍棒之类的东西。

（12）举止文明，行为规范。不在校园内追逐打闹，不在校园内快速骑自行车（摩托车、电动车）。男女交往不得有不文明行为。

（13）禁止赌博、酗酒、打架斗殴以及其他干扰学校的教育教学、科研和学习、生活秩序的行为。

（14）不准观看、传播、复制、贩卖黄色淫秽书刊、音像制品、信息等，不登录不健康网站，不到歌舞厅、酒店等陪舞、陪酒、陪歌。

（15）不随地吐痰，不乱扔纸屑果皮，不乱倒污物、污水，确保环境卫生。

（16）爱护花草树木和公共财物，损坏公物要赔偿。

2. 学生集会管理规定

（1）与会者要遵守会议纪律，服从管理，举止文明，穿戴整齐。

（2）与会者要坐姿端正，面朝前方，认真听讲，不鼓倒掌。

（3）与会者不带、不看报刊书籍，不打电话，不戴耳机，不交头接耳，不睡觉，不嗑瓜子，不剪指甲，不做与会议无关的各种事。

（4）与会者不迟到，不早退，不随便出入，不旷会。

3. 学生早操管理规定

（1）各系负责本系各班早操的组织、考勤工作。各班学生要按时上早操，在规定地点集合点名后，再在规定场所上操。集合要做到快、静、齐。

（2）无故不得缺勤，请假以辅导员、班主任开具的证明为准。病假须有校医务室证明。

（3）见习生必须有辅导员、班主任开具的证明，并到上操场地集合见习。

（4）上操必须队列整齐，步伐一致，服从指挥。

（5）学校早操检查组对学生早操情况进行检查，及时通报。

4. 学生就餐秩序管理规定

（1）学生按照规定时间到餐厅就餐，购买饭菜按先后顺序排队，并服从餐厅管理人员的管理。

（2）文明就餐。一人一椅，禁止喧哗、起哄、敲击桌椅及餐具。

（3）勤俭节约，购买饭菜要适量，杜绝浪费。剩菜、剩饭要在规定地点倒入垃圾桶，不准将剩菜、剩饭直接倒入洗碗池。

（4）爱护就餐用具，吃完饭后将餐具放在指定位置，不准带出餐厅。

第五章 高校学生身心素质与人际关系管理模式创新

　　大学生虽然身在高校,但依然需要面对各种人际关系,正确、合理地处理人际关系有助于他们安心学习,快速提升自身的各方面能力。大学生只有拥有健康的体魄、良好的心态,才能从容面对各方面的影响与压力,在高校或走入社会后可以处变不惊,游刃有余。本章主要分析高校学生身心素质与人际关系管理模式创新的相关内容。

第一节　学生身体素质管理模式创新

一、身体素质教育管理的必要性

（一）提高身体素质，有助于发展智力

身体素质教育对人的智力发展起促进作用，这早已被生理学、心理学等研究成果所证实。身体素质教育表面上来看是减少了学习和工作的时间，但实际上却是开发了人脑，提高了大脑的工作效率。十几年前，清华大学的学生曾从自己的体育锻炼实践中得出"8-1>8"的著名公式。即是说，每天从用于学习的 8 小时中抽出 1 小时的时间用于身体锻炼以提高身体素质，结果发现 7 小时的学习效率远大于 8 小时。

（二）提高身体素质，有助于保持心理健康

健康的精神寓于健康的体魄。身体素质对心理健康的影响是显而易见的。一个体格健壮的人与体弱多病的人相比，在认识、情感、意志、兴趣、性格等各方面会有很大差别。比如，一般来说，身强力壮的人，无论遇到什么打击，都可能会表现出坚韧不拔、不屈不挠、不达目的誓不罢休的顽强意志；体弱多病的人，一遇到挫折就可能一蹶不振，精神萎靡。就情绪而言，一个天高云淡的秋日，体质良好者会感受到这是个美好的季节，并兴趣盎然地去参加各种活动；在体质衰弱者的心里，感受到的可能只是索然寡味或肃杀悲凉，诸如此类，不一而足。

二、大学生身体素质的改善与提升

运动实践证明，学生在身体素质训练过程中是主动投入还是被动投入，对有机体机能的影响有很大差异。学生主动投入时，心理状态、神经系统、内脏系统和肌肉系统等处于适宜的良性状态，能够承受较大负荷的训练强度，从而有效地改善各器官系统的功能。而被动投入时，有机体各系统不是处在良性状态，这样就直接影响了训练的效果。在训练中调动

学生的练习积极性,对提高训练效果有重要意义。①

身体素质训练是学生克服自身变化的一个极其艰苦、枯燥的过程。在这过程中要保证运动员的主观积极作用,一般的做法是:对学生形成明确的训练目标导向、合理的训练方法与手段以及适合的要求、鼓励等。例如,用专项的理论知识和生动的例子让学生充分理解身体素质训练在运动训练中的作用与意义,并在实践中加以体现;运用多种多样的练习方法与手段,从客观上对学生形成良性刺激,从而调整主观行为;制定学生经过努力能够达到的多级目标体系,一旦学生达到某一级要求,适时地给予表扬、鼓励等。由此对学生产生激励作用,这种激励作用能在训练中保持一定的时间。

第二节 学生心理健康管理模式创新

一、大学生心理健康教育的内涵

心理教育是运用心理学和教育学的知识,培养学生良好的心理素质,提高学生的心理适应能力,增进学生的心理健康而实施的一种教育。诸如改进学生的读书习惯、开发学生的智力、意志品质的培养、良好性格的塑造等都属于心理教育的范畴。从狭义方面来说,大学生心理教育即通过教育引导,使大学生能自我解决心理问题,提高心理素质,促进心理健康。大学生心理教育既有自然科学性质,也有社会科学性质。它是心理学、教育学和青年学相结合的一门学科,是一门交叉学科。

大学生心理教育与教育心理学、医学心理学、社会心理学、青年心理学都有密切的联系。教育心理学研究受教育者掌握知识、技能与形成道德品质的心理规律,因此其研究成果对于大学生的智力开发、品质培养及自我教育、自我控制都有着重要意义。医学心理学研究心理因素在疾病的发生、诊断、治疗与预防中的作用,这方面的研究成果对于大学生防治与治疗心理疾病,提高大学生的心理健康水平有积极的作用。社会心理学研究社会领域的各种心理现象与心理规律,其研究成果对培养大学生良好的心理品质、提高人际关系的心理适应水平也有积极意义。青年心理学研究青年心理的发展规律,其成果为探讨大学生心理发展规律、培养

---

① 钟昆明.谁是人才 高校学生工作 [M].重庆:重庆大学出版社,2008.

大学生良好心理品质提供了理论基础。

二、大学生心理健康的调试与辅导

（一）大学生心理健康的调适

要实现心理健康调适目标,培养健康的心理,必须注重心理调适。根据大学生的实际情况,主要应进行以下方面的调适。

1. 认知调适

改变情绪、意志、心理健康等方面存在的错误或者不良认知,形成对事物和自身正确的观念,培养科学的认知方法。

2. 情绪调适

善于消除引起不良情绪产生的因素,调节不良情绪的困扰,形成乐观、自信、稳定、豁达的健康情绪。

3. 意志调适

正确认识意志在成才中的重要作用,主动培养坚强的意志品质,养成坚毅、果敢、刚强的优良意志品质。

4. 心理挫折调适

科学认识挫折,勇于面对挫折,视挫折为人生的一大财富,主动调适各种因心理挫折而带来的心理困扰和障碍。

5. 人际心理调适

认识人际关系在心理健康和正常发展中的重要作用,消除对人际交往的不良认知,积极寻求有效的人际交往方法。

6. 创造心理调适

认识创造对社会和个人发展的巨大作用,消除创造心理误区,树立优良的创造心理品质。

7. 学习心理调适

克服不良学习方法,形成科学的学习心理品质,消除因学习、考试等形成的心理挫折感及心理障碍,从而提高学习效果。

8. 择业心理调适

敢于面对市场竞争和社会对人才的挑选,消除择业心理误区,增强择业的自信心,提高择业技巧,发展适应现代社会的优良的择业心理。

9. 恋爱心理调适

了解恋爱过程中的一般心理特点,消除恋爱误区,正确处理恋爱的不良心理和行为,发展积极、健康的友谊和爱情。

（二）大学生心理健康辅导

影响大学生心理健康的因素不仅现实地存在着,而且十分复杂、多样,维护和增进心理健康水平以及出现心理失调时帮助恢复心理平衡,是现实和发展的必然要求。

1. 学习心理卫生知识

心理卫生知识是维护心理健康的理论武器,学习并掌握心理卫生知识有助于我们理解心理卫生的意义和价值,认识自我心理状况,具有维护心理健康的方法和能力,从而在日常生活中能自觉地调节心理以适应变化的环境。对系统学习心理卫生知识与未学习过的大学生进行比较,发现前者在心理调节、自我保健方面普遍较好。

学习心理卫生知识可通过心理卫生课或讲座、阅读心理卫生书刊,向心理咨询机构咨询等方式和途径进行。学习心理卫生知识,重要的是理解心理卫生的实质,掌握心理健康发展的规律和心理保健的方法,尤其必要的是把学习和实践紧密结合起来,用理论指导日常生活的实际,真正做到学以致用。

2. 培养健康的人生态度

健康的人生态度,就是科学、积极、乐观、坚强的人生态度,这是保证心理健康的必要品质。健康的人生态度使我们在现实生活中能对社会、人生及其具体现象和问题进行正确认识、理解和把握,既避免认知错误导致的心理困惑,又有利于冷静而稳妥地对待事物,从而减少不必要的挫折和失误;心胸开阔、情绪乐观、意志顽强,有效地维护自身的心理稳定,提高了对生活中各种困难和挫折的耐受力,从而减少心理冲突、防止心理障碍,有利于保持心理健康。

3.重视自我心理调节

自我心理调节是维护和增进心理健康的重要措施,是心理保健的核心环节,只有重视并有效地加强自我心理调节,才能真正实现大学生心理的健康和发展。

自我心理调节包括:调整认知结构、克服不合理信念,注重理性认知;完善自我意识,正确认识自我、合理评价自我、积极接纳自我、有效调控自我;学会情绪调节,排除不良情绪,保持情绪的愉悦和稳定;锻炼意志品质,提高实践活动的自觉性、果断性、坚韧性和自制性;扩大人际交往,实现心理沟通;克服人格缺陷,协调个性特征,塑造健康人格;及时、适度、合理地运用心理防御机制,提高心理承受力;保持适度紧张,避免过度焦虑;培养广泛而有中心的兴趣爱好,生活内容丰富而充实。

4.善于寻求帮助

维护和增进心理健康,除了重视自我保健和调节外,还应积极争取家庭、学校和社会的帮助支持,比如多找老师、朋友倾诉,以疏泄积郁情绪;通过与他们交流,校正不良认知等。心理咨询是指运用有关心理学科的理论和方法,通过语言、文学等媒介,给咨询对象以帮助,解除其心理问题,维护增进心理健康,促进人格发展和潜能开发的过程。心理咨询的对象是有自知力、能接受帮助的正常人。心理咨询包括个别咨询、团体咨询、门诊咨询、书信咨询、电话咨询、报刊咨询、现场咨询等形式。心理咨询严格遵循交友原则、保密性原则、科学性原则、整体性原则、对咨询对象负责的原则等。心理咨询的内容包括发展性咨询和障碍性咨询。前者是消除心理困惑和压力,调节情绪、开发潜能,指导咨询对象,增强对社会的适应能力,提高学习、工作效率和生活质量等;后者是帮助咨询对象解决心理障碍、心理疾病(如各种神经症,精神病除外)。大学生要善于求助心理咨询,把它作为心理保健、心理教育的重要途径。任何对心理咨询的偏见、轻视、回避都是不科学的。

5.积极参加实践活动

人的心理是在社会交往、社会实践活动中形成和发展的,健康的心理离不开健康而丰富的社会生活的土壤。多参加人际交往、各种积极有益的社会活动、校园文化活动、劳动实践,广泛接触生活,有助于丰富情感世界、锻炼意志品质、增长才智、提高认知水平、完善人格,从而优化心理素质。同时,积极参加实践活动本身就是心理调节的方法,通过活动达到宣泄郁闷、转移注意点、调整情绪、升华情感的目的。

第三节　学生人际关系能力管理模式创新

一、大学生如何提高交往水平

大学生投身于改革,服务于社会,就要掌握和运用一定的交往艺术,并首先从自己所处的班级开始进行人际交往,真正成为班集体的一员,进而参与社会的交往,让社会接纳自己。

（一）掌握科学的交往艺术

在复杂的人生交往当中,蕴藏着丰富的交往艺术,它的内容是多方面的,包括交往的时机、场合、方式、风度、角色、语言等。这里仅谈如下几个方面。

1.要有洒脱的交往风度

所谓交往风度,就是人在交往活动中一切言行举止概括的总称,是个体心理素质和气质修养的外部体现。洒脱的交往风度主要包括:

（1）诚恳的待人态度。不管对什么交往对象,都应诚恳而直率、平等而亲切,不搞阿谀奉承、吹牛拍马、拉拉扯扯等。要做老实人,办老实事,要端庄而非过于矜持,谦虚而不矫揉造作,坦诚相见,不卑不亢,保持落落大方的风度。

（2）饱满的精神状态。如若精神振奋、情绪饱满,就能活跃交往气氛,丰富交往话题。反之会使对方兴趣索然。

（3）周到的仪表礼节。一个人仪表整洁、举止端庄、礼节周到,就能产生一种吸引的魅力。这种魅力不仅取决于外表,更在于人的内在品格的自然流露。

（4）集中注意力。在交往过程中,集中注意力不仅使对方有受到尊重的感觉,同时有助于交谈思路更加条理化,启迪和开阔视野。

2.要进入角色

角色意识不仅是交往的前提,也是取得成功的重要因素。

严格把握角色的规定性。不同的角色具有不同的特征。在家里,有父亲和母亲、丈夫和妻子及儿女等角色;在工作单位,有经理、厂长、工人、职员等角色。每个角色都具有特定的职能、规范和"演出场合",不能混为一谈。

细心地把握角色的变换性。所谓"己所不欲,勿施于人",就思维方式而言,学会角色互换要求人们从我向思维转向他向思维,设身处地地从对方角度,把行为主体的自我当作客体的自我来审视和评价。[①]

3. 要讲究语言艺术

语言是人类进行思维和交际的工具。交往双方通过语言开启心灵的门扉,或传递社会生活信息,或提出批评与建议。一个人的语言表达能力对他的社会交往顺利与否有很大影响。只有丰富自己的语言"仓库",不断提高驾驭语言的艺术,才容易获得成功。掌握语言艺术有如下基本要求。

(1)说话要因人而异。根据交往对象的性别、年龄、职业、生活阅历、社会地位等不同情况采用不同的语言和口吻。如与知心朋友可以开门见山,推心置腹;与生人交谈要讲究分寸;与异性交谈要文雅得体等。

(2)谈话要看场合。不同的场合要求人们交谈的内容和方式有所不同。如待客要热情,做客要注意礼仪。

(3)注意语言表达技巧。其基本要求是叙事条理、层次清楚、富有逻辑性;表达生动,有声有色,具有形象性;情真意切,平易近人,具有感染性;穿插事例,比喻新颖,具有趣味性;吐字清晰,表达贴切,具有准确性;回味无穷,循循善诱,具有启发性。不说与主题无关的废话、玄话、大话、套话和假话。

(4)善于运用礼貌语言。如"您好""请""对不起"等语言,既能拉近双方距离,又能反映出一个人的思想修养水平。

(5)善于运用"体态语言"。讲究"体态语言",一方面重在发挥手势的作用,手势可分为情意手势、指示手势、象形手势和象征手势;另一方面又应充分发挥面部表情的效应。

4. 要有适当的交往尺度

人生交往的适度包括向度和频度。

(1)向度,是关于交往方向性的量度。广度,是关于交往范围的量度,包括交往人数的多少。深度,是关于交往情感状态的量度,即交往双方相互介入对方内心世界的深浅,交往中所涉及的事物的重要程度及人际关

[①] 陈盼盼.学校社会工作方法在高校学生工作中的应用探索[J].教育现代化,2020,7(52):152-155.

系的层次类型等。

（2）频度，是关于交往次数的量度，即指交往双方在一定时间内平均交往次数的多少。

在交往的向度和频度上，要掌握适度的原则。适度的含义包括两方面：一方面要处理好与不同交往对象之间的关系等，在频度上既允许有不同，但又要避免使人产生厚此薄彼的感觉。另一方面，要处理好交往活动与其他学习、工作、事业等的关系，二者要兼顾、互相促进，而不能互相影响干扰。

综上所述，人生交往中包含着许多科学与艺术，只有不断地探索和实践，才能真正地把握住人际交往中的艺术方法。

（二）真正成为班集体的一员

大学生入校后组成的第一个大家庭就是班级，他们从这个集体中汲取力量和得到友爱，展开一段难忘的大学生活。"班集体"这个家对大学生的心理面貌发生着深刻的影响。

首先，班集体可以培养大学生的集体主义思想。其次，班集体是影响大学生学习进步的一个重要因素。

要使班集体真正成为大学生的家，首先要求大家处理好个人与集体的关系。"我们"的利益包括了无数个"我"的利益。其次，班集体内部成员之间要建立起和谐的人际关系。

1. 班集体内的人际关系

一般地，班集体内的人际关系有三种：一是互相选择的交友关系；二是互相排斥的矛盾关系；三是既无选择又无排斥的一般关系。一个良好的班集体应该是交友关系多、矛盾关系少。在班集体内建立起融洽的交友关系具有许多优点。

第一，给学生以稳定感和归属感。

第二，为学生提供健康的娱乐场所。

第三，提高学生交往能力。

第四，提高学生的宽容和理解能力。

第五，使学生得到更多的获取信息和知识的机会。

第六，通过交友中的自我批评，学会全面评价他人和自己的方法。

第七，增强克服困难的信心和勇气。

第八，能提高自己的思想品质和精神境界。

第九，增强集体凝聚力。

在班集体内建立学生之间融洽的交友关系是为了促进集体内部形成和谐的交际关系,绝不是搞拉帮结伙。应提倡在讲理想、讲道德、讲原则的基础上,建立起班集体内同学间的亲密友谊关系,并且不因为部分人之间的友谊而损害他人之间的友谊,应是各种友好关系的交叉组合,形成整个集体的广泛友好关系。建立友好关系应以主动、真诚、互酬、包容为基本原则。

所谓真诚,就是对人实事求是,不搞当面一套,背后一套。对别人的缺点、短处不讥笑,对别人的优点、长处不嫉妒,虚心好学,化为己有。

所谓互酬,不仅有互相酬谢的本意,也有互相帮助、满足的广义内容。人际交往中的互酬不仅包括物质的内容,也包括精神内容,如能力上的互酬;感情、信息、兴趣爱好上的互酬等。人际交往中的"互酬"不是同步等量的。人际交往不是商品交换,所以提高"互酬"水平的关键是增强互酬的无私性,不能附加任何条件。

所谓包容,就是在交友关系中不追求个人之间的完全相同。对个人之间存在的差异需要加以谅解、宽忍,求同存异。另外,对于彼此相处的非原则性矛盾要善于"钝化",提倡"忍为高""和为贵"。

2. 真正成为班集体一员

每位学生都希望自己所处的集体是团结、友好、充满温暖的。然而,同班、同寝室同学之间会常有矛盾发生。有矛盾并不意味着不团结,但如何解决这些矛盾,则可以看出这个集体的力量,这里的关键是个人要使自己真正成为班集体的一员。

首先,要认识个人对集体的心理相容性。所谓心理相容性,是指个人从心理上、感情上加入集体,成为集体一员的程度或状况。

其次,要在了解自己心理相容性的基础上,善于进行自我调节,以不断提高自己对集体的心理相容性。自我调节可采用如下几种方法。

其一,言语暗示法。言语是人类独有的高级心理功能。言语是人的情绪体验与表现的强有力的影响工具。通过语言可以引起或抑制情绪反应。所以,有很多学生在自己的日记本中或床前写上一些名人警句和名言,都对调节自己的情绪有益。

其二,角色换位法。一个人在集体中产生的心理不适应性,大都与自己对其所处的地位和角色的认识程度有关。或者对自己估计过高,或者对自己估计过低,因而构成了个人期望评价与实际得到的评价之间的差距,出现心理矛盾,产生对集体的心理不适应性。这时,如果能够有意识地把自己原来认为应当充当的角色变换成另一个角色,俗话说,换一个角度,变一下位置去考虑问题,也许会有助于解决个人的心理不适应性。

其三,活动转移法。转移不是逃避,而是暂时的回避,以避免产生不利于班集体发展的激情或过激行为。转移之后的关键是个人的冷静思考,以便获得对主客观情况的全面又中肯的分析,从而确定自己解决对班集体的心理不适应性的努力方向和所采取的必要措施。

其四,主动服务法。这是解决个人对集体的心理不适应性的最行之有效的方法。当在班集体内面临许多难以解决的心理矛盾冲突、感到心中郁闷、十分不自在的时候,那就主动去做吧,去做一些为同学为集体服务的事。只有肯于为人民服务的人,才能享受到服务后的欢乐和心理的最大满足。这种为人民服务后所换来的幸福感和满意感,将会为自己在集体中愉快的生活和健康成长创造无与伦比的优良心理环境。

二、大学生人际交往能力的培养

(一)确立正确的交往准则

为了克服大学生交往中"哥们义气"的庸俗倾向,保证大学生交往活动的健康发展,一方面,我们应该净化社会环境,消除社会不良交往风气对大学生的消极影响;另一方面,我们应该对大学生加强思想教育,帮助他们确立正确的交往准则。

大学生的交往活动,应该建立在社会主义精神文明的基础上,遵循社会道德规范,遵守学校的规章制度。只有这样,才能真正建立健康的人际关系,增进相互间的友谊。否则,吃吃喝喝,交酒肉朋友,朋友犯了错误,视而不见,听而不闻,甚至包庇纵容,这样的"哥们义气"不是真正的友谊。

由于大学生的哥们义气主要存在于非正式群体之中,所以我们要重视做好非正式群体的引导工作。非正式群体是大学生交往的普遍形式,它的存在具有客观必然性,是不以人的意志为转移的。但是,非正式群体发展成什么样的状态,却取决于人的主观因素。如果一个非正式群体的成员能够遵守正确的交往准则,那么它将理智成分上升,哥们义气下降;反之,则理智下降,哥们义气上升。由此可见,做好非正式群体引导工作的关键,在于帮助大学生确立正确的交往准则。

(二)提高人际交往的能力

针对当前的实际情况,我们应当采取相应的措施,提高大学生的人际交往能力。

首先,对大学生进行交往方面的心理教育和技术教育。可以利用思想品德课或举办专题讲座,以及校报、广播等多种途径,向大学生介绍交往的心理条件、交往的方法技巧,使他们掌握必要的交往知识。

其次,举办丰富多彩的交往活动。

最后,开展心理咨询。通过咨询的多种方式,对大学生在交往中遇到的各种心理障碍及时给予相应的指导和调适,改善心理素质,保证交往活动的顺利进行。

第四节　学生领导能力管理模式创新

一、领导管理能力

任何人的精力和能力都是有限的,任何人都不可能是全才,现代社会,许多事情要许多人一起工作才能完成。因此,领导管理能力是现代人才成功必不可少的能力。如果我们不能或不想去领导和管理别人,起码也要理解别人对我们的领导和管理;如果我们不能或不想去领导和管理别人,起码也要领导和管理好我们自己。

(一)人人都在领导和管理

领导和管理行为不单单存在于上级和下级之间,政府和公民之间,也存在于父母和子女之间,甚至对自己我们也常常要"管好自己"。当我们徜徉在一望无际的旷野中,觉得自己可以想干什么就干什么的时候,不要忘记,政府部门还在行使对我们的管理权。我们无时无刻不在领导和被领导,管理和被管理。领导和管理问题是人生的基本技能之一,是每个人的一生都会遇到的问题。

上级对下级的领导管理以及政府部门对公民的领导管理是狭义的领导和管理范畴,这是人们通常理解的领导和管理的概念。

父母和子女之间的领导管理是人生必须面对的问题。著名心理学家斯金纳认为,在哺育儿童时,首先要制订一个目标,确定孩子长大后应该具备哪些主要的人格特征;其次确定具备这些人格特征需要有什么样的行为;随后要用奖赏的方法控制孩子的行为,使他们朝着人类理想的和需要的方向发展;要营造一个有利于激励孩子成长的有利环境;很多时候,孩子不单单由父母亲控制，很多人都可以对其产生直接影响，比如在中国，孩子的爷爷、奶奶、外公、外婆等一连串的直系亲属有时候对孩子的影响力甚至超过了其父母，他们的意见往往和年轻的父母们不统一，他们对孙子孙女的教育问题也有相当大的权威性，更何况电视、网络等大众传媒也在深刻地影响孩子的行为。有时候我们还会发现我们千辛万苦让孩子具有的品质在社会上已经过时了。尽管是抚育自己的孩子，我们还需要在这个问题上和家庭、社会以及其他人相协调。抚育孩子不仅是一个把孩子养大的过程，而且是一个复杂的领导管理过程。

曾经是孩子，最终成了成人，有一天他或她会反过来扶养父母。同样，扶养老人的过程，也是一个管理过程。中国有句俗话，叫作"老小，老小，越老越小"，意思是说老人像小孩，越老越像。对待老人也要像对待小孩那样尊重、顺从。

自我领导管理就是要管理好自己的时间，管理好自己的收入，管理好自己的职业生涯，管理好自己的生活，管理好自己的心情和行为。当我们在确定自己的目标并为之而努力奋斗时，我们实际是在领导自己。如果一个人不能有效地领导和管理自己，就会生活混乱，甚至在人生的道路上迷失自己。彼得·德鲁克说，除非一个人能有效地管理自己，否则不管他有多大的能力、技巧、经验或知识，也不会成为一个有效的管理者。

领导管理能力是当代社会要求人们具备的一种基本技能。耶鲁大学、哈佛大学等世界著名的大学提出，培养学生的领导能力是它们的主要任务之一。领导管理能力可以通过后天学习、训练、培养而获得。

（二）领导和管理始于对人性的理解

杜克大学的雷恩博士和他的同事在 20 多年里做过大量的实验研究，在他 1947 年的著作《大脑的范围》一书中指出：我们如何对待人，明显地取决于我们把他们看成什么，就像我们对待别的事情一样，不存在另外更聪明的办法。我们对人的感情，取决于我们对他们的了解和看法。我们越趋于片面地看问题，越是把人们看成是宿命论的物质系统——机器人、机器、电脑，那我们就越会恣意自己无情而自私地对待他们。另一方面，如果我们越是把他们的精神生活看成自然中的东西，那么我们对他们，作为一个个体，就会更加感兴趣，也就更加倾向于尊重他们，并考虑他们的观点和感受。这样，我们的人际交往便被推到了一个共同感兴趣的、理解和友谊的水平上。

对人性的看法是领导和管理的基础，对人性有什么样的看法，就会有什么样的领导管理理念和方式。在心理学发展史上，曾经出现过四种影响较大的人性假设，那就是"经济人""社会人""自我实现的人"和"复杂人"假设。

1. "经济人"假设

"经济人"假设的观点起源于 1776 年亚当·斯密的《富国论》，包含三个观点：人是自利的，追求自身利益是他们行为的根本动机；人是理性的，他们总是设法使自己的利益达到最大；人们追求利益最大的行为往往在无意中促进了整个社会的利益。

1957 年，美国组织行为学家道格拉斯·麦格雷戈在《企业中人的因素》一文中首先提出一个很有影响的管理理论——"X 理论"，后来管理学者沙因又对它进行了补充。X 理论的主要观点是：大多数人天生厌恶劳动，想尽量躲避它；一般人都"没有多大抱负"，希望"不承担责任"，而宁愿受别人指挥；多数人只是为满足自己的基本需要而工作，对安全感的需要高于一切，金钱是刺激他们工作的唯一动力；多数人生来就以自我为中心，注重个人目标而忽视组织目标；只有少数人能够自我控制、自我激励。

由"经济人"假设而引申出的领导管理理论认为，领导管理职责应该由能够自我控制、自我激励的少数人来承担。对一般人而言，应通过计划、组织、指挥、控制和金钱激励等来完成工作任务，并实现组织目标。对消极怠工者，应该采用惩罚措施加以管束。

尽管"经济人"假设的提出已经有上百年之久，但是由于它指出了大多数人的人性本质，它并没有因为年代久远而显得苍老过时，相反，它是我们当今处理各种管理问题时必须考虑的因素。在我们这个资源有限的时代，任何要求大多数人只注重精神享受而不顾经济利益，或者将全社会的利益作为奋斗目标而忽视个人利益的做法，都是行不通的。

2. "社会人"假设

美国哈佛大学教授埃尔顿·梅奥在 1933 年的《工业文明中的人性问题》一书中，根据著名的"霍桑实验"提出了"社会人"人性假设。其主要观点是：传统地认为人是经济人的观点是片面的，霍桑实验表明，人不是单纯的"经济人"，不单受经济利益的驱动，更受到社会需求因素的影响，即人还是"社会人"；传统观念认为，工作条件和工作方法是提高生产效率的第一要素，但霍桑实验表明，员工的士气才是决定生产效率的主要因素，而士气决定于家庭和社会生活，决定于组织中人与人之间的关系；在"正式群体"中普遍存在着"非正式群体"，它往往会影响到组织目标的达成,因此在管理工作中对其不能忽视。概言之,"社会人"假设就是:人的最大动机是社会需求,只有满足人的社会需求,工作积极性才能得到充分发挥。社会需求不仅仅是物质的满足,更是同事之间的喜爱和接纳,它往往比经济利益更能够激发人们的积极性。

"社会人"假设表明:管理人员不应只注意生产任务的完成,而是应该更加关心如何满足人们的需要;管理人员不要只注重计划、组织、指挥、监督控制,更要注重职工之间的相互关系,培养职工对组织的归属感和团队意识;应该实行集体奖励制度,而不是个人奖励制度;领导和管理过程中需要和职工们沟通,通过了解和满足他们的心理需求来提高生产效率,在他们的社会需求和经济需求之间求得平衡。

"社会人"假设解释了这样一个问题:为什么有时仅仅只有经济利益并不能留住一个好员工?那是因为员工的职责不仅仅是"服从",他们还想参与,他们还想体现自己的价值和尊严。如果只注重严格的管理、金钱的诱惑以及惩罚的威慑力量,人们可能会表面上服从,但是心底里对抗,最终使管理和领导变得无效。

3. "自我实现的人"假设

"自我实现的人"的假设基于三个理论综合而成:马斯洛的"需要层次论"、阿基里斯的"不成熟—成熟"理论和麦格雷戈的"Y 理论"。

20 世纪 70 年代,美国心理学家马斯洛提出了著名的"需要层次论"。马斯洛认为,每个人天生就有一种追求向上发展的倾向,他们不断追求满足生理需要、安全的需要、归属和爱的需要、尊重的需要,在外在条件许可的情况下,人的发展最终可以达到"自我实现"的最高境界。所谓"自我实现",是指一个人的潜力、能力在现实生活中得到充分发展,完成了自我感觉到需要完成的某种使命,从而达到对自己本性的充分认识和承认,达到内心宁静、统一、和谐的境界。真正能达到"自我实现"的人是极少数的,由于社会条件的约束,绝大多数人没有"自我实现"的条件。

阿基里斯认为,一个健康的人从不成熟到成熟的发展是一个自然的过程,这是一个从被动到主动、从依赖到自主、从少量动作到多种动作、从兴趣浅薄到兴趣浓厚、从自我意识少到自我意识多的过程。

麦格雷戈的"Y 理论"认为,人的本性并非懒惰和不可靠,人们在适当的激励下能够自我激发,富有创造力,并能自我领导、明确全力以赴达成组织目标就是达成自己目标的最好办法。

根据"自我实现的人"的人性假设,领导和管理工作应该从以下几方面考虑:

（1）管理重点应该放在良好的工作环境的创造上，以利于人们的才华和潜力得到充分的发挥，帮助人们自我实现。

（2）管理者应该创造条件使人们的聪明才智得以发挥，减少人们在自我实现过程中可能遇到的障碍。

（3）对人的奖励可分为外在的和内在的两类，外在的奖励是工资和职位的晋升，以及良好的人际关系等，内在的奖励是获得知识、增长才干、充分发挥自己的潜能等，而真正能够调动人们积极性和创造力的奖励是内在的。

（4）管理制度的作用不是限制人、督促人、控制人，而是应该更加弹性化，允许人们具有较大的自由度，应该激励人而不是惩罚人。

4."复杂人"假设

20世纪六七十年代，沙因提出"复杂人"假设：人的需要是多种多样的，而且会随着社会的发展和生活条件的变化而发生变化；由于人的需要、兴趣、动机、理想不同，对不同的管理会有不同的反应，因此，不存在一种能适应于任何时候、任何人、任何情况的管理模式。根据"复杂人"假设，领导和管理方式应当视环境不同、管理对象不同而不同。

二、领导管理技术和艺术

领导和管理不但是一门技术，而且是一门艺术。在领导管理过程中，有些目标可以在一些程序化的过程中通过某种恰当的方法来完成，这就是领导管理技术。领导管理过程中往往需要和人打交道，领导管理者往往不是直接去完成某项任务，而是依赖心理、经历、知识能力、行为习惯等各方面都不同的其他人去完成，这时工作就变得十分复杂，仅仅依靠一些简单的程序化的技术就难以达成目标，更需要一种巧妙的调动人做事的方式，这就是领导管理艺术。领导管理艺术归纳起来有两种：一是沟通、激励和具体指导的艺术，以及决策艺术、授权艺术、用人艺术等履行职能的艺术；二是提高工作有效性的艺术。领导管理艺术最重要的是理解人、了解人，容人所短、用人所长。

（一）领导和管理的工作内容

美国著名行政学家尼古拉斯·亨利说，行政领导的责任就是"为组织设定方向，即制订蓝图；为执行蓝图而配置人力，并将蓝图传达给他们；

激励并鼓励人们实现蓝图——让他们朝着正确的方向前进"。而另一位哈佛大学教授海固特博士则说得更为精辟,他说:"领导人,管理事,这就是企业领导人要做的工作。"这句话说明对事务性的工作,需要管理,而对人,则需要领导。①

领导和管理的区别不能说明它们哪一个更重要,现代社会既需要管理,也需要领导。缺乏领导的强有力的管理最终会导致官僚主义,为了维持秩序而维持秩序,令人感到压抑,压制人们的创造力和创新精神,最终不能适应环境的变化;而没有管理的强有力的领导会变得像救世主一样自居,形成领导崇拜,为了变革而变革,最终导致混乱失控,甚至一发不可收拾。在实际过程中常常不能把领导和管理截然分开,对中下层管理人员,管理的成分大于领导的成分,他们的工作主要集中在维持秩序、完成任务;而对于高级管理人员,领导的成分大于管理的成分,他们往往是政策目标的制订者。

(二)基本管理手段

行政手段,包括命令、指令、通令、指示、规定、决议、决定、通知、通告等几种形式。在具体的工作中,采用哪一种形式当依情况而定。它是把针对一定情况作出的意义明确和内容具体的决定传达给下级,对于下级的执行者来说具有强制力,下属机关和人员必须服从和认真地加以执行,否则会受到惩罚。行政手段具有迅速、有效的优点,但是运用不好可能会导致官僚主义、以权谋私、玩忽职守等行为。

经济手段,可分为宏观和微观两个方面。在宏观管理中,国家可以运用价格、税收、信贷等经济手段,管理国民经济。在微观经济管理中,企业或其他组织采用经济手段,就是要把组织中各层次、各成员的利益与其工作成效、生产成果乃至整个组织的成果联系起来,促使大家关心自己的工作和整个组织的成果,一般是通过工资、奖金、罚款等形式进行。经济手段能够调动各方面的积极性、主动性、创造性和责任感,变外在的强制性管理为内在的自觉管理。但是,由于各单位和个人都有自己的利益目标,因而容易导致组织目标的分散和混乱。

法律和纪律手段是严肃的、规范的、强制性的管理手段,上至国家,下至企业,各种组织,都要对其成员的各种重要活动做出原则规定,并用法律、法规、规章、条例、制度、纪律、准则等规范性文件予以确认和公布,让

① 崔人元.以学生为中心 加强高校学生工作[J].安阳工学院学报,2021,20(05):111-113.

人遵照执行,从而实现指导、监督和控制。法律和纪律是一种特殊的信息,它明确规定可以遵循什么、必须做什么和禁止做什么,规定对合法行为的保护和对违法行为的制裁。法律和纪律手段可以体现公平公正,但是缺乏弹性。

思想工作手段,即通过对政策、法令、纪律等的宣传和理想、道德的教育,以及其他精神激励,提高人们的认识,改变人们的思想,使人们建立起与组织系统一致的价值观念,自觉地为实现组织目标而努力。无论行政手段、经济手段,还是法律和纪律手段,辅之以思想工作手段,效果会更好。

三、大学生领导能力培养的内容

（一）计划和预算

计划就是确定任务和目标,以及完成目标和任务需要采取的行动。如果还要制订保证完成任务和目标的程序、策略、政策、措施等,就称为规划。预算就是用数字来描述计划和规划。

孔茨和韦里克在《管理学》中提出,编制计划的步骤是:分析机会;确立目标;分析实现计划的前提条件;提供几个可供选择的方案;对方案进行评价;挑选合适的方案;制订派生计划;用预算使计划数字化。计划应该短期计划和长期计划相结合,把长期计划变成一步步实现的短期计划。

（二）目标管理

除非有一个明确的目标,否则没有一个人也没有一个团体能够有效地工作。设置的目标必须是可以计量的、可以考核的,定目标应当说明必须完成什么和何时完成,如果可能,实现目标的质量和为实现目标计划付出的成本也应该说明。目标不能太平庸,需要具备一定的挑战性,这样才能激起人们的工作热情;也不能不切实际,无根据凭空臆造,以致根本无法实现。

一个组织中,围绕着组织的目标,不同层次的管理人员要制定相应的不同层次的目标。最高层人员负责组织的宗旨、总体目标等,而中层管理人员负责关键领域的目标、部门目标,基层管理人员负责本部门和下属人员的目标。

（三）组织管理

组织工作的基本内容包括：

（1）组织结构设计。根据组织目标和组织活动特点，设立管理机构，划分管理层次，确定组织系统，形成合理的组织结构形式。组织结构设计一般包括四个方面的内容：决策系统的设计，如领导制度、决策体制等；指挥系统的设计，如划分指挥的层次，确定隶属关系，各级职责及指挥原则等；职能参谋系统的设计，如职能科室的设置、信息系统的设计等；组织结构分工，如组织结构内每个组织体及其人员编制、目标、任务、责任、工作程序和方法等。

（2）组织制度的建立。如各级领导的岗位责任、各个管理机构的职责、工作指挥制度、信息沟通及反馈制度、会议制度、各管理机构之间的联系制度、协商制度、各级工作人员的岗位责任制、协作制度、奖惩及考核制度等。

（3）组织运行。组织正常有效地运行。

（4）组织变革。根据组织内部条件和外部环境的变化，以及组织活动中实际存在的问题对组织结构进行相应的调整。

为了完成一个目标而需要建立一个组织来实现它时，下述孔茨和韦里克在他们的《管理学》一书中阐述的组织管理的主要原则对我们十分有用。

目标统一原则：使组织中的每一个人都对实现组织目标有所贡献。

组织效率原则：以最小的代价实现组织目标。

管理跨度原则：在组织设计中必须考虑到，在每个管理职位上，一个管理人员能有效地管理的下属的数量是有限的。通常情况下，一个管理人员能够有效管理 3～6 人。

权限分明原则：组织中从最高管理者到最低下属的权限分得越清楚，决策的责任就越清楚，组织内部的交流系统就越畅通。

按预期结果授权原则：对每个管理人员的授权必须适当，以保证他们有能力来实现预期的结果。

职责的绝对性原则：下级人员就其工作对上级负有绝对的责任，上级对下级的组织活动不能推脱责任。

权责对等原则：工作的责任不能大于也不应小于所授予权限的范围。

指挥统一原则：个人只对一个上级汇报工作，这个原则贯彻越彻底，个人对结果的责任感就越大。

权力层次原则：在其职权范围内，管理人员应该自己做出决定，而不应该请示上级去决定。

职能明确原则：组织中各个部门的权限和预期成果越明确，越能够发挥其作用。

灵活性原则：组织应该是灵活的，以适应内、外部环境的变化。

便于领导原则：组织结构应该尽量为管理人员创造能够最有效领导的环境。

彼得原理：管理人员往往被提升到他们不能胜任的层次。因此，要慎重挑选和提升管理人员。

（四）组织文化管理

组织文化是在组织发展过程中形成的组织成员共有的行为方式、共同信仰和价值观。组织文化的核心是价值观，它告诉组织成员什么是对的，什么是错的，作为一种持久的信念指导着组织成员在实现组织目标过程中的行为和行动。比如，国际商用机器公司的企业文化就是：尊重个人、争取最优、提供优质服务，公司的每个员工都应该遵循这三项原则。

（五）知人善任

用人以前要知人。知人从下面几个方面入手。

（1）全面地看人。看德、才、识、学、性格、爱好、健康等方面的长短，防止以偏概全。

（2）历史地看人。看现在、过去和未来，看其成长环境和经历。

（3）发展地看人。发现并挖掘部属的潜能，特别是一个人在"未显"之时就发现他是一个人才，这就是慧眼。

（4）多方法看人。看一个人可以通过各种心理测试、履历材料、熟人评议等来考察一个人，可以通过观察一言一行、一笔一画、一举一动在细微之处考察一个人，可以通过把人放在一定的工作情景中考察一个人。

善任，就是用人要扬长避短、量才使用，用人不疑、疑人不用。组建一个团队，要各种能力、性格、年龄、经历的人合理搭配，使人才"在其位、谋其政、行其权、尽其责、取其值、获其荣"。人才有长处也有短处，关键在用其长处，不要以短掩长。智者取其谋，愚者取其力，勇者取其威，怯者取其慎，无智愚勇怯者兼而用之。不知人之短，不知人之长，不知人长中之短，不知人短中之长，则不可以用人。德鲁克在其名著《有效的管理者》一书中写道："倘若所用的人没有短处，其结果至多只是一个平凡的组织。所谓'样样都是',必然一无是处。才干越高的人,其缺点也往往越明显。有高峰必有深谷。谁也不可能十全十美。"他认为:"一位经营者如果仅能见人之短,而不能见人之长,刻意挑其短而非着眼于展其才,则这样的经营者本身就是一位弱者。"

（六）指挥

指挥首先要判断情况,想清楚要做些什么、怎么做,然后下定决心,把任务交代给下属去做。指挥员必须保持冷静的头脑,正确判断形势,树立必胜的信心和决心。指挥过程中最忌讳决心动摇不定,否则会功败垂成。战胜是由于将帅自信必将胜利,战败是由于将帅自认为即将败北,因此战争的最后结局主要决定于将帅。优秀的指挥员都会以身作则、身先士卒,著名将领如拿破仑、巴顿、彭德怀等都有亲临战场指挥的经历,这是鼓舞士气最有效的方法。任务分工要明确,有条不紊,实行统一指挥而不是多头指挥,逐级指挥而不是越级指挥,这样才不会造成指挥混乱,下属无所适从。

第六章　高校学生干部培养与管理模式创新

　　　在高校工作中,学生干部的作用不容忽视。有很多工作辅导员、班主任无法完成,但学生干部可以很好地完成。学生干部的培养有助于高校学生工作更加顺利地开展。因此,有必要对高校学生干部培养与管理创新模式展开分析。

第一节 学生干部的角色定位

社会对一定的角色总有一定的要求与限制,即权利与义务。一整套权利和义务就构成某种特定的角色。无论是从事一种职业,还是承担一种角色,都是要学习职业的技艺、规范,适应职业或角色的要求的。社会通过角色对人的行为加以控制,角色就是社会规范,是约束个人行为的标准。角色定位就是找准自己的位置,学生干部角色定位是学生干部工作的基础。何谓"干部"? 字典上说,干部就是与"群众"相对并担任一定领导职务的人。由此可知,学生干部,就是在学生群体中担任一定领导职务、承担一定事务、履行相关职责的学生个体。高校学生干部就是指高校中担任了一定领导工作的学生。它有以下三个含义。

一、学生干部是学生

既然是学生,就应该践行学生的本分,做一个合格的学生。合格就是要符合大学生的各项要求。学生的本分是什么呢? 评价学生的标准是什么呢? 答案是学习。作为大学生,最主要的任务就是学习,而这里的学习是广泛的,既包括科学文化的学习,又包括思想道德的学习;既包括课内的学习,又包括课外的学习;既包括理论的学习,又包括实践的学习;既包括自己的学习,又包括同学间的学习。

二、学生干部是学生的优秀代表

既然是干部,就应该履行干部的使命,紧紧围绕促进学生学习这个中心,牢牢抓住培养学生成才这条主线,协助老师,带领同学,服务同学,为学校的稳定、发展做出自己的贡献;同时,也要提高自己的综合素质和能力,不仅是组织协调能力,而且要培养自己认真工作、乐于奉献的精神,也就是要在工作过程中,学会做事,学会做人,学会做干部。[①]

三、学生干部是学生与干部的统一

学生干部具有学生和干部双重身份。双重的身份赋予了双重的职责。所以,作为学生干部必须首先明确自己的身份,才能不断地加强自我教育、自我管理,自觉地配合学校落实素质教育,提高自身的综合素质和加强干部队伍的建设。

总之,学生干部是普通学生,但又不是普通学生。学生干部来源于普通学生,他是普通学生中的一员,这是从其本质角度的定位。但他要做的工作又绝不是一般的普通学生所要做的工作,这是从其角色角度的定位。

第二节　学生干部的培养

一、高校学生干部工作的本质

高校学生干部工作有很多性质、特点,如直接性、基层性、复杂性、烦琐性等,但最本质的特点就是服务性。

高校学生干部是高校学生中担任一定领导职务的人,也可以说是学生中的领导干部。高校学生干部虽然与一般公司、机关领导干部有较大的区别,但仍然具有一般领导干部的属性。高校学生干部就是充分调动同学的积极性和创造性去努力实现培养高素质人才这一宏伟目标的人。学生干部是高校开展学生工作的一支重要力量,肩负着服务同学、服务学校的工作。因此,高校学生干部工作也必然具备与一般领导干部工作同样的本质特征。就是说,高校学生干部工作的本质就是服务,为学生服务、为学校的办学目标服务。

二、高校学生干部的工作原则

(一)实事求是、一切从实际出发的原则

高校学生干部在完成各项工作任务时,不能凭主观想象,凭一时热

---

① 　刘明瑛.高校学生干部工作研究[M].北京:中国海洋大学出版社,2006.

情,大轰大嗡,也不能搞"一刀切",而要深入实际,深入群众,根据实际情况,有针对性地开展工作。

实事求是是党的思想路线的核心,学生干部在工作中必须遵循实事求是的原则。

第一,要努力学习马克思主义哲学,即辩证唯物主义和历史唯物主义,掌握认识问题和处理问题的正确方法、观点、立场,完整地、准确地掌握马克思主义的世界观和方法论。

第二,要培养全心全意为同学服务的思想。

第三,要敢于坚持真理,敢于如实反映情况和意见,不怕牺牲个人利益。

第四,深入调查研究,获得全面真实的情况,这是实事求是的基础。

第五,要敢于解放思想,打破陈旧观念。

第六,要不断地总结经验,发扬成绩,克服不足。

（二）以学为主、兼顾工作的原则

学生干部是一种具有特殊性质的干部。作为干部,他们是实现自我管理的骨干,是学生各项活动的组织者和带头人。因此,他们应当遵循国家干部的一般原则,如实事求是、廉洁奉公、以身作则、联系群众等。然而,学生干部又不同于国家干部,学生干部不是以"工作"为职业,他们是众多学生中的一部分,主要任务是学习科学文化知识。因此,学生干部在工作中还应当遵循以学为主、兼顾工作的原则。

（三）无私奉献、公而忘私的原则

学生干部在工作中经常面临着要不要或能不能发扬奉献精神的问题,担任学生干部本身就是一种锻炼和考验。学生干部都是兼职的,为同学们服务都是义务的、没有任何报酬的,没有奉献精神就不可能在繁忙的学习之余去为同学服务,为集体的利益而奔忙。学生干部和自己的服务对象都是同龄人,阅历基本相同,都还不成熟,缺乏经验,办事过程中难免出现这样或那样的漏洞和不足,会招来一些非议和责怪。如果没有奉献精神,在这种情况下就会灰心丧气,打退堂鼓。学生干部的许多工作都牵涉到本人的利害关系,如果没有奉献精神,就不可能秉公办事,廉洁奉公。

（四）从同学中来、到同学中去的原则

"从群众中来，到群众中去"，是我们做好一切工作的根本。高校学生干部在工作中必须坚持群众路线，从群众中来，到群众中去。注意听取同学们的意见，帮助他们解决问题，并善于把工作计划变成同学们的自觉行动。

三、学生干部培养的具体内容

（一）完善学生干部党建工作

高校学生干部党建工作是党的建设新的伟大工程的重要组成部分，院校由于在办学体制、办学方向、规模、生源情况等方面的特殊性，与本科院校相比，其学生干部党建工作面临着诸多严峻的考验和挑战。要做好学生干部党建工作，必须不断了解新情况、适应新形势、解决新问题。只有与时俱进、积极探索、认真实践、善于总结、敢于创新，才能构建学生干部党建工作的长效机制。

1. 充分认识做好学生干部党建工作的重要性

高校学生干部党建工作是高校党建工作的重要组成部分，加强对青年大学生的思想政治教育，培养入党积极分子，做好在大学生中发展党员工作，是高校党组织的基本职责所在。

高校担负着培养数以千万计高等技术应用型专门人才的历史重任。毕业生面向生产、建设、管理和服务的第一线就业，成为各行各业的基层骨干，能最大限度地影响和带动他们周围的产业工人群体。做好学生干部党建工作，进一步加强对学生的思想政治教育，提高他们的思想觉悟，对于增强党的阶级基础，扩大党的群众基础，改善党员队伍的构成和分布，保持我们党最广泛的影响力有着深远的历史意义和重大的现实意义。

2. 学生干部党建工作面临的困难和问题

（1）学生的定位目标与自身素质发展不和谐

在一部分学生中存在着"六强六弱"的现象，即历史使命感强，具体责任意识弱；政治上进心强，辨析问题能力弱；人生进取精神强，集体主义观念弱；成才立业愿望强，抗挫折能力弱；社会道德认同感强，基础文明素质弱；自立自主意识强，自律自强能力弱。"六强六弱"概括说明了目前部分学生思想目标定位高,实际行动起点低的现状。在学生群体中考察和培养好苗子,把他们培养成为政治觉悟高、学习优秀、工作表现出色的学生党员是十分重要,也是有相当难度的。

（2）学生党员模范作用与党员先进性教育要求不和谐

学生党员先进性体现不充分的原因主要有以下两个方面:一方面,有些学生入党动机不纯,带有不同程度的功利主义和实用主义,把加入党组织当作一项任务来完成,入党后放松了对自己的要求,在各方面出现滑坡现象;另一方面,我们发展的学生党员在校时间很短,低年级学生党员绝大多数都是通过中等学校转入的,需要进一步提高和锻炼,而高年级发展的党员则是尚未发挥作用就毕业了,在这种情况下难以形成"一年级有党员,二年级有党小组,三年级有党支部"的学生干部党建新格局,这在客观上削弱了学生党员在学生中的影响力和示范作用。

（3）党建工作队伍建设与党建工作要求不和谐

近年来,由于学生人数剧增,各方面工作量增大,学校被迫将工作重心放在常规管理上,从事学生干部党建工作的人力不足、精力不够,同时教师队伍中年轻党员较多,受年龄、党龄及阅历的局限,其政治理论水平本身也需要进一步提高,做党建工作有诸多方面不尽如人意。

（二）让学生干部参与大学生班级建设

班级的管理具有一般管理过程的特点,是一个计划、组织、检查、总结的动态过程。作为一种教育性组织,班级是学生在学校中学习、成长和开展各种活动的基本场所。

班级组织这个群体是由不同个体集结而成的,要成长为具有组织特性的团队,需要一个发展变化的过程,在不断分化与整合中成长和发展。

一般而言,一个好的班级需要具备这样几方面的特点:有明确的奋斗目标,有团结一致的领导集体,有良好的组织和制度保证,有和谐的人际关系,有良好的舆论监督氛围,有相应的班级活动为依托,有自己的特色等。

1. 良好班级的形成步骤

（1）基础阶段。这一阶段,学生面临的最重要问题是学生生活的转变,从过去以学习为主的中学生活转变为丰富多彩的大学生活。

为了帮助学生实现这一转变,班主任、辅导员应做的是帮助学生适应大学生活,完成班级框架建设,如进行相应的入学教育、初步建立班委会和团支部等班级管理机构、初步形成班级制度等。

（2）形成阶段。在班级建立之初,学生的注意力主要集中于了解班主任、辅导员和任课教师,了解新的学校生活,建立与同学间的稳定关系上。这时班级的特点为:班级成员彼此缺乏充分的交往,只是由于好感或者原来有一定的关系(如来自同一社区或学校等)而进行交往,因此人际关系是情绪性的,没有共同的活动、任务为中介;班级还没有形成全体成员所认同并愿意执行的行为规范;群体意识差,聚合力弱。

经过一段时间的磨合,同学之间逐渐形成了基于需求、兴趣倾向等相同或类似因素的小团体。

（3）形成凝聚力阶段。当班级中大多数学生都能接受团体要求时,主动积极的团体学习与活动一旦确立,在班级中得到承认的行为就是积极地参与活动。学生的自尊心由于在各项活动中发挥了积极作用而得到提高,因而他们关注的焦点也就转变为如何积极地参加活动、发挥作用。即使强烈违反团体要求的学生也会试图在参与活动的过程中获得自身需求的满足。班级中的对立不再是情感上的对立,而是由认识深浅的不同、价值观和体验的不同、个性的不同等所造成的逻辑上和个性上的对立。只有视野广、洞察力敏锐的学生才具有引导班级团体的号召力。学生成员能够根据集体的要求自觉接受学生干部的领导,形成强有力的班级凝聚力。

（4）形成特色阶段。院校的学生班级不仅要形成一个班级核心,具备强大的团体意识,更重要的是要具备一定的班级特色。班级特色可以与专业相关,形成自身特点,也可以从班级管理手段、理念等方面做到与众不同。

2. 在班级建设过程中应该注意的几个问题

深入了解学生实际情况,准确把握学生思想动态。深入全面地了解学生是班主任、辅导员一切工作的基础。在班级建设目标确立之初,班主任、辅导员可以通过阅读学生档案、到学生宿舍座谈和个别谈话等方式,获得本班级学生的一些信息,如了解学生的人数、性别、年龄、民族、宗教、家庭状况、学习状况、兴趣、爱好等,从而分析学生对班级的期望,以及对自我成才的要求,了解学生能力以便进一步开展班级工作。同时,班主任、辅导员可通过与班级骨干力量的互动及与个别学生的互动了解班级制度是否合理、有效,及时修正班级建设中的失误。

班级中师生之间是一种直接的互动。班级组织为了实现特定的目标而开展各项活动,这本身就要求班级中教师与学生之间、学生与学生之间的互动必须是直接的、面对面的。班级组织的健康发展在很大程度上取决于班主任、辅导员对班级成员的认知和理解程度,因此需要班主任、辅导员与学生之间建立和谐、互动和相互信任的关系。

班主任、辅导员需要运用自己的人格力量来组织班级活动。为了创造良好的师生关系,除正式的班级管理常规制度之外,班主任、辅导员还需要运用一些非正式力量来影响学生,人格魅力就是其中最为重要的一种,应以情感和人格魅力为依托来加强班级的常规管理,促进良好班集体的形成。

班级建设离不开学生和教师的共同参与,在高等院校尤其如此。高等院校学生日趋成熟,自我意识发展水平较高,有较强的自我控制能力,有积极参与管理的信心与能力。在这样的学校中,鼓励和吸收学生参与班级管理是加强班级建设的有力保证。教师应该在尊重学生、信任学生的基础上把部分班级工作交给学生,并借此机会锻炼学生的实践能力。

班级建设需要教师和家长的配合。教育的一致性提示我们,尽管教师工作具有较强的独立性,但班级工作仍是每一个教师的责任。班主任、辅导员要积极取得任课教师的配合,形成一个对学生能够产生一致教育影响的教师群体。同时,家长作为学生的第一任教师和重要的终身教育者,对学生会产生重要的影响。班主任、辅导员应及时与家长沟通,全面了解学生,做到家庭教育与学校教育相互配合,形成正确的教育价值观念,创建良好班级。

3. 健全班级组织机构

(1)班干部的选择

一个班级的学生一般有如下几个主要类型:一是可作为学生榜样的品学兼优生;二是自发的"小头头",这些学生一般聪明能干,在班级调皮学生中很有威信;三是"老好人",这些学生一般愿为同学服务,能够团结大多数人,但能力一般,工作办法少,这些学生大都听老师的。

那么什么样的学生适合当班干部呢?一般地说,一个班干部除应具备一个好学生的条件外,还应满足下列标准。

第一,有正直公正的品德作风。

第二,具有一定的活动和组织能力。

第三,有较强的工作责任心。

以上三点是选拔学生干部主要的理想标准,但是有经验的老师都知道,新生中符合上述条件的班干部是很少的。因此,班主任、辅导员在选拔学生干部时应该从班级的实际情况出发,在比较中加以取舍,而不应苛求,重要的是今后的教育和培养。有些学生学习成绩虽然并不怎么好,但热心为集体服务,选拔为班干部后,不仅工作搞得出色,而且自己的学习成绩也得到了提高;有些学生有某一方面的特长,如果发挥得好,能带动班级某一方面工作的开展。有些班主任、辅导员为了调动一些纪律较差的"调皮大王"的积极性,促使他们改变,还选拔其中一两名学生担任学生干部,取得了较好的效果。当然,选拔这类学生当班干部,一定要在班集体已初步形成,班级干部力量较强,对这些学生有较全面了解的基础上进行,否则很容易给班级带来混乱,对这些学生的成长也没有好处。

选拔班干部一般都有一个"指定—过渡—选举"的过程。

（2）班干部的培养

培养班干部一般要分三个阶段。

第一阶段是指导阶段。班干部明确分工后,班主任、辅导员应亲自带领他们进行工作实践。这点对低年级的班干部以及新班干部尤为重要,因为班干部毕竟还是学生,他们一般缺乏在集体中工作的经验。班主任、辅导员首先应该带领正副班长、团支部书记工作,然后带领其他班干部工作。在带领班干部工作的过程中,班主任、辅导员要着重向班干部进行为集体服务的思想教育,纠正"当干部吃亏"或"当干部捞好处"的想法,以加强他们的工作责任感,促使他们积极开展工作。

第二阶段是提高阶段。有的班主任、辅导员采用班干部和高年级干部或学生会干部对话,参加学校组织的学生干部培训、学生干部工作智力竞赛等方法来加强班干部的学习,取得了较好效果。

第三阶段是放手阶段。这一阶段,班干部的工作责任感增强了,工作能力提高了,班委组织健全了,班主任、辅导员可以大胆放手了。

在培养班干部过程中,班主任、辅导员应注意以下几个问题:首先,要全面关心班干部。教师应积极关心学生干部在德、智、体、美各方面的全面发展,不应只向他们压工作担子。很多学生干部因无法胜任工作很快就退了下来,甚至落后于普通同学,这往往和班主任、辅导员不全面关心他们的成长有关。其次,要防止班干部特殊化。要严格要求他们,不能姑息和溺爱,告诫他们要防止特殊化,这是从另一个侧面对班干部的爱护和培养。再次,要正确处理班干部和同学间的矛盾。一旦班干部和同学发生矛盾,班主任、辅导员就要进行具体分析,把解决矛盾的过程变成一种对班干部和其他学生进行思想品德教育的过程,从而提高班干部的威信。

"亲自指导—学习提高—逐步放手—独立工作"是班主任、辅导员培养班干部队伍的整个过程,也是较好的班干部队伍和积极分子队伍形成的过程。

在班干部队伍的形成过程中,班级的组织机构（班委会、团支部）得到发展和巩固,并体现出核心作用。具体表现为:①组织机构成员在班级中有较高威信,具有某一方面或多或少的能力,并力图把自己的能力献给集体;②班级的组织机构是班级正确舆论的中心;③组织机构成员是班级的榜样;④班干部成为班主任、辅导员的得力助手,联系师生关系的桥梁。核心作用的发挥,必将加快班集体的形成,为以后发挥班级多方面的教育功能提供保证。

第三节　学生干部培养模式创新

"加强高校学生干部培养最主要的目的,就是中国特色社会主义事业的合格建设者和接班人"。高校学生干部是大学生的典型代表,是"青年马克思主义者培养工程"的主要培养对象。当前高校学生干部群体呈现出新的特点,高校应依托"青年马克思主义者培养工程"这一平台,充分发挥其教育价值,创新培养模式,对在认识、意识、信念、情感等方面不同层次、不同职能、不同特点的学生干部,积极探索学生干部培养的内容、形式和方法,采取有针对性的措施,将更多的学生干部培养成为坚定的青年马克思主义者。

一、新时代高校"青马工程"的教育价值

青年马克思主义者培养工程作为加强新形势下高校思想政治教育和党团联动的有效载体,其目标旨在青年中培养一大批坚定的青年马克思主义者,培养"具有忠诚的政治品格,浓厚的家国情怀,扎实的理论功底,突出的能力素质,忠恕任事、人品服重的青年政治人才"。教育价值指教育满足人们主观需要关系的意义判断,是指教育这一社会实践活动具有满足个体或者社会需要的关系意义。教育价值是教育主体与教育客体间相互作用的产物,是在教育主体需要和教育客体得以满足的过程中产生和发展起来的。教育的根本价值、最高价值在于形成人的价值。研究"青马工程"的教育价值,可根据其价值形态,将其分为理想价值与现实价值、个体价值与社会价值。

（一）"青马工程"的理想价值与现实价值

理想价值，是指理想作为一种精神客体在实践活动中对主体的作用和影响。"青马工程"的理想价值，就是高校实施"青马工程"的目标实现程度，为未来的人和社会发展服务。具体来说，通过"青马工程"的培养，青年学子能够自觉运用马克思主义中国化的最新成果武装头脑，能够学习党的创新理论、信仰党的创新理论并赋予实践，在实践中深入体会并坚定对中国特色社会主义道路的坚定信念，成长为中国特色社会主义事业的合格建设者和可靠接班人。

现实价值是已经实现或正在实现的价值。"青马工程"的现实价值在于人们能够感受到实施"青马工程"的必要性和有用性，能够给予人们一定的期望。"青马工程"实施以来，培养了数以万计的青年学员，培养成效显著，使得越来越多大学生树立了共产主义远大理想，并能够在实践中运用马克思主义方法论处理和解决问题。

理想价值和现实价值是一对矛盾的综合体，他们是对立统一的关系。理想来源于现实，包含着现实的因素，并且将来会变成新的现实。不仅要看到理想与现实矛盾冲突的一面，还要看到它们相一致的方面。只有这样才能全面地把握二者的关系，不因为现实中遇到这一矛盾而产生偏颇的思想认识和态度。这就要求实施"青马工程"既要立足于现实价值，追求"青马工程"对青年学子思想带来的改变；也要追求理想价值，使得现实价值量变引起质变。

（二）"青马工程"的个体价值与社会价值

研究"青马工程"的教育价值，除了可分为理想价值和现实价值以外，还可分为个体价值和社会价值。"青马工程"的个体价值与社会价值是相辅相成共同发展的。

个体价值是指个人生活和社会活动中，自我对社会作出贡献，而后社会和他人对作为人的存在的一种肯定关系。"青马工程"的个体价值主要表现在政治方向引导、精神动力激发和个体品格塑造三个方面。在政治方向的引导上，"青马工程"的培养内容和培养特点决定了其具有引导青年大学生的政治方向、思想行为向好向上的功能。"青马工程"充分发挥教育对象的主观能动性，利用马克思主义中国化的最新理论武装青年，把青年学子的思想、行为引导到正确的方向上来，为中华民族伟大复兴的中国梦接续奋斗。在精神动力的激发上，"青马工程"的培养模式能激发青年大学生的主动性和创造性。"青马工程"采取理论与实践相结合的教育方式,培养内容丰富,培养方式规范,培养载体多样,具备完善的奖励机制,能够激发学员的主观能动性,培养学员的智力和能力,使其树立社会主义远大理想,对自我发展、自我认识、自我完善起到发动机作用。在个体人格的塑造上,"青马工程"旨在培养拥心理健康和人格健全的社会主义接班人。"青马工程"在培养过程中传播社会主义核心价值观,在社会实践中培养锻炼青年学子的心理素质、综合能力,以塑造青年马克思主义者健全健康的个人人格。

社会价值是个体价值的概括和延伸,"青马工程"以习近平新时代中国特色社会主义思想为指导,坚持人的全面协调可持续发展,坚持自我与社会的统筹兼顾,是社会主义核心价值观的捍卫者,在构建社会主义和谐社会这一伟大工程中承担重要角色发挥重要作用。"青马工程"对青年学子的马克思主义思想政治教育作用于社会的政治、经济、文化领域分别产生了政治、经济、文化价值。在政治价值方面,"青马工程"具有坚定青年政治立场,维护政治局面安定和谐的作用。在经济价值方面,"青马工程"推动了社会主义经济发展速度,引导经济发展朝着社会主义方向前进。在文化价值方面,"青马工程"发挥了选择、传播和创造发展马克思主义文化的功能。

二、新时代高校"青马工程"的实现路径

(一)基本途径:以理想信念教育为核心,开展马克思主义理论学习

"青马工程"教育价值的体现,应以理想信念教育为核心,深入学习马克思主义理论,突出政治学习,把学习习近平新时代中国特色社会主义思想这一当代中国马克思主义、21世纪马克思主义,作为教育培训的中心内容和首要任务,帮助青年大学生确立马克思主义政治信仰,坚定社会主义和共产主义的政治立场,是实现"青马工程"教育价值的基本途径。

1. 坚定马克思主义信仰、共产主义远大理想和中国特色社会主义共同理想的理想信念

理想信念作为精神之"钙",是大学生奋斗在新时代的强大精神动力和崇高精神指引。科学的理论是实践的前提,是坚定共产主义理想信念的坚实基础。在高校实施"青马工程"过程中开展理论学习,就是要学习、掌握和运用马克思主义立场、观点、方法,形成科学的思维方式。理论学

习达到的效果,是理性认识 – 感性判断的过程,最终上升为坚定马克思主义信仰的自觉活动。新时代大学生要信仰马克思主义,明确实现共产主义远大理想是历史大势,要确立对中国特色社会主义共同理想的执着追求,并在投身实现中国梦的伟大实践中实现自己的人生价值。

因此,青年马克思主义者应确立马克思主义的科学信仰,胸怀共产主义远大理想,践行中国特色社会主义共同理想,以社会主义核心价值观引导自我、凝聚人心,为中华民族的伟大复兴提供文化支撑。新时代高校"青马工程"坚持培育和践行社会主义核心价值观,发挥其文化选择、文化发展功能,体现了文化价值。青年马克思主义者既要坚定理想信念,时刻保持思想上的先进性,又要脚踏实地,在实践中求得真知。

2. 引导青年学生(学生干部)认真研读马克思主义经典著作和中国特色社会主义经典著作

新时代高校"青马工程"的根本目的,是要用马克思主义中国化的最新成果武装青年,以科学化培养"忠诚的政治品格、浓厚的家国情怀、扎实的理论功底、突出的能力素质,忠恕任事、人品服众"青年政治骨干,使他们进一步坚定跟党走中国特色社会主义道路的信念,成长为中国特色社会主义事业的合格建设者和可靠接班人。培养和坚定青年学生的理想信念是基础和关键,行之有效的方法,就是引导青年学生认真学习马克思主义和中国特色社会主义经典著作。

只有读原著学原文悟原理才把学习做实。真正学懂弄通一个思想理论,就必须读原著原文,咀嚼原汁原味,领悟原义原理。恩格斯说:"一个人如果想研究科学问题,首先要学会按照作者写作的原样去阅读自己要加以利用的著作,并且首先不要读出原著中没有的东西。"要掌握马克思主义理论,就要读马克思主义经典著作,如马克思的《资本论》《〈政治经济学批判〉导言》、恩格斯的《社会主义从空想到科学发展》《路德维希·费尔巴哈和德国古典哲学的终结》、列宁的《国家与革命》《共产主义运动中的"左派"幼稚病》、毛泽东的《实践论》《矛盾论》《论持久战》等。原著原文是最权威的,只有学深学透才能全面准确把握其真谛真义、思想精华。而学懂弄通做实习近平新时代中国特色社会主义思想,首先就要在研读习近平总书记的著作上下功夫。与此同时,在读原著的同时,要学会的是思考的方法,并用其理论解决实际问题。

在读原著的方法上,除了集中学习外,还可以开展和组织研讨、沙龙等活动,也可以根据实际情况围绕原著开展社会实践活动,如在红色基地开展寻访之旅,在实践过程中中感受党史。

3. 与"两课"教学深度融合,创新"两课"教学模式

"两课"是指马克思主义理论课和思想政治教育课。"两课"教学是高校开展思想政治教育的主渠道,承担着培养大学生良好政治素质和思想道德素质的重要任务。新时代高校"青马工程"可以借助和依托"两课"教学在构建青年学生马克思主义理论体系上的传统优势,在课程体系、实践教学、考试考核等环节,与其深度融合,并创新教学模式。在教学模式上,"两课"教学要转变"填鸭式"传授模式,加强理论教学的双向互动,引导学生将从"两课"教学学习到理论知识,转化为自身的理想信念和思想行为;在内容安排上,高校要进行顶层设计,"两课"教学内容与"青马工程"培训内容避免重复,形成优势互补的教学体系;在考核模式上,采取开卷、实践报告等多种方式,综合考量学生的学习情况,激发培养对象创造性和主动性,重点考核培养对象对社会热点和社会形势的分析能力及解决问题的能力。

(二)根本途径:理论联系实际,建立健全实践教育和跟踪评价体系

人类发展的历史表明,没有实践,就没有历史的进步和人类自身的进步。实践是认识的目的,是认识价值的实现过程。一切价值,包括"青马工程"的价值在内,都是人在实践中运用媒介改造主体、客体以及主客体之间关系的结果。因此,实现"青马工程"教育价值的根本途径,在于实践。社会实践是高等学校围绕人才培养的目标,有目的、有组织、有计划地走出校园,走入社会、认识社会、服务社会,使学生在接触社会环境的实践中受教育、长才干、做贡献的教育活动。在发放的调查问卷中,有83%的同学认为实践锻炼是青年马克思主义培养工作中是最为必要的一部分。社会实践是课堂教育的必要延伸和有益补充,能够促进学生将理论知识运用到直接、现实的生活中,提升学生分析问题、解决问题的能力,增强学生的历史使命感和社会责任感,提升青年马克思主义者快速适应社会和服务社会的能力。

1. 注重能力的全面培养,完善和丰富实践教育的内容体系

在团中央印发的《"青年马克思主义者培养工程"实施纲要》中,针对大学生骨干培养设计了理论学习、实践锻炼、志愿服务、对外交流、课题研究等五方面的课程内容。而高校实施"青马工程"以来,理论学习、实践锻炼这两部分内容普遍开展较好,志愿服务、对外交流和课题研究相对薄弱。实际上,这五方面的课程内容都是实践教育的组成部分,应该整体规

划,完善和丰富实践教育内容体系。志愿服务活动应充分结合"三下乡"活动,在理论普及宣讲、党史学习教育、乡村振兴促进、发展成就观察、民族团结实践等方面,将社会观察、知识积累、实践思考转化为建设性意见和举措。在对外交流方面,考察学习在实施"青马工程"方面效果突出、表现优异的高校,学习其先进经验和做法,并创造条件,组织开展国际交流活动或港澳台交流活动。在课题研究方面,可采取项目化的运作方式,结合马克思主义理论及当前国内的经济社会发展形势,根据"青马工程"学员来自不同的院系不同专业和不同年级的情况,具体问题具体分析,精心策划选题,力求切入点小,选取青年学生关系的社会热点话题,合理安排社会调研的课题内容,强化社会调研的针对性。

2. 加强监督与管理,完善实践教育考评机制

在新时代的大背景下,"青马工程"是一项系统工程、长期工作,担负着重要的历史使命,要加强考核和完善激励考评机制,才能确保其取得实实在在的成效。在开展"青马工程"的过程中,结合各高校自身实际,探索出适合自身的培养机制和管理制度,定向和定量相结合,过程与结果相统一,明确考核目标,设计考核标准,组建考核队伍,确立考核内容,构建考核内容,推行激励机制,形成实践教育协同监督考核机制,强化实践育人效果。举例来说,培养对象应"一人一档",在培训期间开展理论测评、课堂表现、实践考评、课题打分等全方位综合考核体系,采用"弹性学分 + 末位淘汰"的考评机制,以积分的形式对学员进行综合评价;推动"青马工程"人才库与学生干部选拔相衔接,推荐优秀学员作为重要学生干部岗位储备人才;对培养对象"精准画像",建立"个人成就 + 成长平台"的助推机制,根据综合评价结果,有计划地安排"青马学员"作为骨干参与学校学院学生工作、党建团建工作研究、网络舆情引导等工作中来。

3. 加强与地方政府、企事业单位的合作,为工程实施争取必要的经费保障和阵地保障

高校加强与地方政府、企事业单位的合作,构建校地、校企协同育人机制,将社会实践项目纳入到校地、校企合作平台之中,积极争取政府财政支持和挖掘社会资源,为工程实施提供必要的经费支持;充分利用区域阵地资源和红色资源,建立长期合作关系,强化阵地建设,为培养对象创造更多进入企事业单位参观学习和红色教育基地实践教育的机会。同时,可以邀请校外各行各业和企事业内部的优秀工作人员参与到"青马工程"的实践教育过程之中,让培养对象能与之直接交流,了解他们的人生阅历

和工作经验,以激发青年大学生的成才意识和进取精神。另外,红色资源与青马工程具有相同的价值取向,在育人本质上相融相通,高校应将本区域红色文化资源融入"青马工程"课程体系之中,挖掘本土红色文化,并借助红色资源,开展社会实践活动。

(三)具体途径:以共青团为主体,加强管理与教育

新时代高校实现"青马工程"的教育价值,除了通过开展理论学习的基本途径和构建实践教育考核体系的根本途径外,还需要充分发挥共青团组织的主体性作用,加强管理与教育,是实现"青马工程"价值的具体途径。

1. 以"青马工程"为切入点,探索党团教育一体化路径

高校"青马工程"与高校学生党团教育在培养对象、培养目的、培养手段、培养载体等方面存在交叉、互通之处,共青团组织应积极争取学校党委的支持,积极探索依托"青马工程"的党团教育一体化建设,以党建带团建,共同培养青年马克思主义者。首先,建立党团联动制度,加强党建带团建的制度建设。通过建立党组织培养青年马克思主义者的责任制度等,确保党建工作的宝贵经验和丰富资源有力推动"青马工程"的实施,并将党建工作中的理论研究与队伍建设方面取得的成果在"青马工程"中予以推广。另外,实现党团组织资源全面共享,党团组织在人力、物力、财力等方面要实现全面共享,积极争取相关部门支持,将大学生党团教育和"青马工程"培养工作纳入学校整体人才培养体系之中。

2. 发挥学生组织和社团的载体作用,创设多元活动方式

学生组织和学生社团是校园文化建设的重要载体,是学生综合实践活动开展的有效组织形式。高校"青马工程"主要在校园环境中实施,良好的校园文化有助于其文化价值的实现。在高校推进"青马工程"实施过程中,要充分利用和依靠学生组织、学生社团,发挥其自我管理、自我教育、自我完善、自我实现的主体功能。一方面,在"青马工程"的推进过程中,要切实激活学生组织的作用,共青团组织指导学生组织开展丰富的理论教育、宣传引导和实践活动,通过辩论赛、研讨会、团建等多种形式,进行广泛且深刻的思想交流和互动,以主人翁的意识,参与到"青马工程"中来,最大限度发挥学生组织的整体建设效用。另外一方面,共青团组织要重视红色社团建设,依托红色社团开展高效化工作和丰富多元的文化活动。红色社团一般是指由高校青年学生组成的,以学习、宣传、研究和实

践马克思列宁主义、毛泽东思想、中国特色社会主义理论体系为宗旨的学术性社团,具有鲜明的政治属性和时代特性。红色社团对于加强青年学生马克思主义理论教育,对推动青年马克思主义者教育的方法与载体创新,能够起到非常重要的作用。与此同时,社团组织的自发性和思想言论的自由性,能够在校园文化建设过程中,发挥价值导向作用,体现了"青马工程"的个体价值。在学生组织和社团运行上,高校和共青团应给予鼓励,加强管理,用项目化运作方式推动学生组织红色化和红色社团的发展,丰富"青马工程"的运行模式,为"青马工程"个体价值和社会价值的发挥营造良好的校园环境。

3. 依托新媒体平台,建设宣传马克思主义的网络精神家园

"青马工程"培养的对象是新时代新媒体背景下的青年大学生,互联网已成为当代大学生接收和传播信息的主要渠道便。新媒体作为当前主要的信息传播途径,对"青马工程"的实现路径带来了新的机遇和挑战。新媒体传播的即时性、交互性、诱惑性、隐蔽性和不确定性,加大了高校"青马工程"实施的舆论导向难度。与此同时,新媒体传播也为"青马工程"个体价值和社会价值充分发挥提供广大的平台。

因此,依托新媒体平台,积极搭建网络教育平台,充分发挥新媒体的便捷性和交互性,利用新媒体的优势推进青年马克思主义者的培养,是极为重要的额意识形态阵地、宣传引导平台和文化传播载体。高校应充分发挥新媒体在培养青年马克思主义者方面的作用,紧扣青年大学生学习生活网络化的特点,建立旗帜鲜明、内容丰富的新媒体平台,如微信公众号、视频号、微博号等,将学生的政治理论学习从现实延伸到虚拟世界,扩大了交流场域,打破了同辈互动的地缘限制,实现理论灌输和网络交流的良好配合,逐步形成以网络化为依托、以新媒体为沟通工具,能够有效加强和广泛凝聚青年马克思主义者的强大网络阵地。与此同时,建立健全网络信息员、技术员、策划员和宣传员队伍建设,形成纵向分层、横向互通、资源共享的"青马工程"新媒体工作体系,建设宣传马克思主义的网络精神家园。

第四节　学生干部管理模式创新

一、强化思想引领,坚定政治理想信念

习近平总书记在 2018 年全国教育大会上的讲话中强调,要在坚定理想信念上下功夫,教育引导学生树立共产主义远大理想和中国特色社会主义共同理想,增强学生的中国特色社会主义道路自信、理论自信、制度自信、文化自信,立志肩负起民族复兴的时代重任。因此,加强高校学生干部的培养,也必须在坚定理想信念上下功夫,强化思想引领,不断增强学生干部的思想建设。

一是加强政治理论学习。深入学习马克思主义理论与中国特色社会主义理论体系,定期开展主题学习并将学习成果加以交流、分享。在日常的教育中要将习近平新时代中国特色社会主义思想作为必修课,认真学习贯彻习近平总书记对新时代青年的殷切希望与系列重要讲话精神,充分运用先进思想来武装头脑。引领学生干部与党中央保持高度一致,正确认识世界发展格局与中国的发展大势,牢固树立正确的世界观、人生观与价值观,提高学生干部明辨是非的能力,增强自身的政治意识与思想意识。

二是开展"四史"学习,传承红色基因。习近平总书记 2020 年 9 月 22 日在教育文化体育领域专家座谈会上的讲话中指出:要深化党的创新理论学习教育,推动理想信念常态化制度化,加强党史、中华人民共和国史、改革开放史、社会主义发展史教育。因此,在学生干部的培养过程中我们要注重加强"四史"的教育,通过主题讲座、主题阅读、主题演讲等理论学习,通过参观红色景点、历史博物馆、英雄纪念馆、社会志愿等实践活动,丰富学习内容,提升教育成效,做到理论学习与实践活动相结合。在学习结束后,还要积极开展学习成果交流活动,使学生干部学有所思、思有所行,锻炼学生干部的责任担当意识,引导其树立家国情怀,肩负时代使命。①

三是传承优秀文化,弘扬民族精神。中华民族文化是中华民族赖以

---

① 　国松,马其南,郭驰.高校学生干部读本 [M].大连:辽宁师范大学出版社,2017.

生存和发展的内在基石和核心驱动力,内含丰富的民族精神与时代价值。加强中国传统优秀文化的学习与传承,也应当是培育学生干部的重要途径。引导学生干部在日常生活与工作中继承和传播中华民族优秀传统文化,不断挖掘传统文化,汲取精华,创新性发展,积极构建以中华民族优秀文化内容为核心,以学生活动为载体的学习形式,通过有形的活动内容,品无形的文化内涵,促使学生干部对中华民族优秀传统文化形成认同感、使命感与责任感。

二、注重全面引导,促进身心协调发展

习近平总书记在纪念五四运动100周年大会上的讲话指出,把青年一代培养造就成德、智、体、美、劳全面发展的社会主义建设者和接班人,是事关党和国家前途命运的重大战略任务,是全党的共同政治责任。因此,学生干部的培养不能只局限在工作能力上的提高,更要在德、智、体、美、劳各方面加以培育,促进身心协调发展。

一是重视道德教育。中华民族自古以来就重视道德教育,是促进个体社会化的重要因素。通过道德教育,加强学生干部道德修养,做到品行兼优、德才兼备,学会与人友善相处,构建和谐校园,从而帮助学生干部形成正确的道德观念,继承中华民族传统美德,把修身齐家治国平天下作为一生的追求。

二是督促提高学习成绩。高校学生干部由于工作的原因,日常生活中很多时间都要分配到学生工作上,难以全身心地投入到学习中。因此,需要辅导员全面了解学习情况,经常教育与引导,帮助学生干部合理规划时间,掌握学习技巧,督促养成良好的学习习惯,以此保证学习成绩的稳定。同时,加强与任课老师的沟通,及时了解学生干部的学习情况,针对学生干部遇到的学习问题,开展相关的课业辅导、职业规划、学习分享等活动,确保学生干部学习成绩不掉队。

三是注重身心锻炼。身体的健康不仅在于形体的强健,而更在于心理的健全。在日常工作中,要积极引导学生干部加强身体锻炼,养成良好的生活习惯,为健康生活打下坚实基础。同时注重心理健康的观察,帮助学生干部排解生活、学习以及工作中的疑惑,及时疏导,防患于未然,从而形成健康的身心状态。

四是加强美育培养。美育是一个人全面发展不可或缺的重要品质,通过美育培养,使学生干部学会欣赏他人的闪光点,提高发现美的能力,增强艺术鉴赏力,这对于日常生活中学生活动的高质量开展具有非常重要的作用。

五是加强劳动教育。通过校园劳动活动、社会志愿服务等劳动教育形式,帮助学生干部养成吃苦耐劳、勤俭节约的良好品质,发扬不怕苦、不怕累的顽强奋斗精神,在生活中践行中华民族传统美德。

三、加大培训力度,打造过硬工作能力

当前,高校学生干部的培养更多注重实际工作中的锻炼,缺乏理论上的指导与工作方法的传授,也就导致了很多学生干部在工作中遇到问题时不知所措,解决问题的能力也相对较弱。因此,需要加大对学生干部培养的力度,积极组织开展提升工作能力的职业培训,使培训与实际工作紧密相连,做到理论指导实践。

一是开展领导力、组织力、沟通力、协调力等内容的主题讲座。帮助学生干部了解领导与组织的要点、与人沟通的技巧、为人处世的能力等,从而加强学生干部基本素质的培养,提高学生干部工作能力与工作技巧。

二是成立学生干部工作坊,定期开展交流学习。一方面开展主题学习,针对学生干部日常工作中存在的不足,有计划、有针对性地开展主题学习活动,进一步弥补学生干部工作中的短板。另一方面针对日常工作中出现的问题,采用主题研讨、案例分析等形式,帮助学生干部分析问题的根源,解决工作中的难点,形成正确的工作思路与方法。

三是定期组织学生干部开展谈心谈话。通过一对一谈心谈话的形式,一方面可以了解学生干部的需求,掌握学生干部的思想动态,便于沟通并解决问题。另一方面可以针对学生干部工作中存在的问题以及误区,及时准确地加以引导,帮助学生干部形成正确的工作观、发展观。

四是开展朋辈教育。积极邀请在学生工作中取得一定成绩的学长学姐做交流分享,通过分享工作经历与成长轨迹,使学生干部形成共鸣,学习优秀代表的工作方式与方法,总结教训,吸取经验,从而完善自己工作能力的提升,充分发挥朋辈教育的重要作用。

五是加强交流合作。积极搭建良好育人平台,采用"请进来"与"走出去"相结合的模式,邀请优秀的先锋模范、专家学者等来校开展讲座、培训等活动,使学生干部与榜样面对面地深入交流,亲身感受榜样的魅力;同时也要大胆地走出去,积极与兄弟院校优秀的学生干部团体相互交流学习,开阔眼界,学习他人的长处,弥补自身的不足,创新工作方式方法,不断地激励学生干部赶超前进。

第七章　高校学生德育教育与学风建设模式创新

　　随着时代的发展，大学生德育教育的重要性日益凸显。国家的发展离不开人才的培养，而人才的培养在一定程度上需要重视德育知识的渗透。只有所培养的人才具有较高的德育水平，才能真正为国家的发展贡献自己的力量。另外，高校学风建设的重要性也是不言而喻的。本章主要研究高校学生德育教育与学风建设创新模式。

第一节 学生德育教育模式创新

一、影响大学生成长的因素分析

（一）值得注意的大学生思想与行为特点

随着市场经济体制的逐步确立，青少年的思想观念和行为方式发生了巨大的变化。这种变化，在作为敏感的具有较高知识层次的社会群体的大学生身上有更加明显的反映，并带有自身的特征，应该引起我们的关注。

1. 部分学生的政治观念有所淡漠

学生活动中的政治性色彩减弱，非政治性色彩强化。一些学生认为，只要学到知识和技能，就可以适应社会，无须谈什么政治素质，只要我不违法，别人就管不着我。这些学生把自己降到了一个很低的标准，而无视自己作为跨世纪一代知识分子所应承担的历史责任，缺乏应有的精神追求。2021年，某市组织了高校大学生思想状况滚动调研，调研数据显示，一些学生理论困惑颇多，政治观点模糊甚至错误。有13.5%的学生认为"共产主义是美好的幻想但无法实现"；有29%的学生认为"社会主义前途难测，说不清楚"；还有15%的学生持有"现在不知道社会主义和资本主义的区别在哪里"的看法；有38.41%的同学认为"私有化是我国社会发展的必然选择"。上述调查的结果表明，近些年来，大学生虽然对党和国家的大政方针增强了共识，他们拥护改革开放，希望国家富强；但是他们的政治辨析能力不容乐观，而且有相当数量的学生注意力已从关注政治转向了更加倾向关注与个人有关的周边事务。

2. 部分大学生价值观表现出实惠与趋利的倾向

社会上存在的拜金主义、享受主义、个人主义对在校大学生产生了明显影响，求富、求美、求乐成为一些大学生的价值追求。他们抛弃了"君子不言利"的旧观念，把求富当作自己的第一追求。他们把求知看作是求富的手段，求知识，求事业成功，其目的在于求富。一些学生表现出强烈的拜金主义思想，他们以金钱的多少、地位的高低及物质生活的档次来衡量价值,以个人欲求的满足,以个人切实感受到的享受程度来评判价值,表现出鲜明的个人主义倾向。通过对大学生思想滚动调查的数据分析,我们可以看到,有45%的学生认为:"现实生活中,人人都在为自己。"有15.23%的学生认为人与人之间只有永恒的利益,而无永恒的友谊。在选择价值标准时,有60.3%的学生选择了"整个生活经历是否快乐"。[①]

大学校园中,出现了多元价值取向,一些学生认为个人功利、个人幸福、个人享受是人的本性,应当得到尊重和理解。许多学生认为应当通过"自我设计""自我奋斗"来实现价值。当然,仍有多数学生能够从社会与个人的双重角度来正确认识人生的价值,他们希望通过自己对社会的贡献来获得社会对个人的满足,从而在推动社会的进步中实现自我价值。

3. 大学生的社会活动增加,自我行为的控制能力有所减弱

在主观思想支配下和社会观念、社会行为方式的影响下,大学生行为表现出明显的发散性和释能性。他们与现实社会和虚拟的网络社会的接触大量增加,情感活动、人际交往活动、经济活动、娱乐活动等频度和深度都加大了。从大学生的生理心理特征来看,他们处在青春期,生理上的发展成熟,使其思维扩大,精力充沛,感情丰富。在心理上,自我意识、独立性增强。大学生的社会信息量大,社交范围广,更促使自我意识的增强。

另外,当代大学生处在社会改革的洪流中,与上代人相比,他们的思想解放,更倾向于独立思考,民主平等的意识更强;大学生在表现出大胆开拓、勇于实践、敢冒风险等积极因素的同时,也表现出了盲目、草率、随心所欲等不良倾向,不考虑其行为的后果,易受激情的左右而缺乏应有的理智。近年来大学生中的违反校纪现象有所增长,考试作弊等不良的学习风气有所蔓延。因心理困扰问题、情感问题,对学校教学、管理、生活服务等方面工作存在的不满情绪而导致的发泄现象和突发事件时有发生。

(二)大学生品德发展规律分析

德育科学是以学生的品德形成、发展规律及教育规律为其研究对象的,那么,研究德育过程及其规律首先就必须研究学生品德的形成、发展过程及制约条件。我们应看到,品德的形成过程要比德育过程广泛得多,它包括学校、家庭、社会对学生的整个影响过程,其中有可控的自觉的影响因素,也有广泛的自发的影响因素。德育过程是自觉的影响过程,不是

[①] 孔繁清 . 多元文化背景下的学生工作研究 [M]. 北京:北京语言大学出版社,2005.

自发的,而品德形成过程中却有自发的一面。学生的品德可以在德育过程中形成,也可以在其他社会生活条件影响下形成;可能与德育过程一致,也可能与德育过程不一致。我们应当充分发挥德育过程在学生品德形成过程中的主导作用,自觉地培养学生与社会要求一致的品德,克服消极的社会影响和与社会要求不一致的品德,将社会的要求同学生品德发展的要求统一起来,使德育过程和品德形成过程产生最佳综合效应。

为此,也必须首先研究学生品德形成的规律。品德是一个人建立在一定的心理素质基础之上的思想品质、道德品质和心理品质的总和,是一个人完整的精神世界。大学生在校期间恰值其一生中最重要的身心成长时期,也是品德发展的关键期。大学生品德形成和发展具有其内在的规律。根据品德发展心理学的研究,人的品德的形成是一个动态的由低级向高级(心理发展—道德认知—思想观念)逐步发展的过程。高层和低层之间互相渗透成为一个统一的整体,构成一个人完整的精神世界。

二、德育理论导向下的大学生人格与素质发展

人格(个性)结构的诸因素中,气质主要是由遗传决定的,具有相对的稳定性,它处于人格形成的基础地位。性格则是以一定的气质为基础,在个体与外部环境相互作用过程中形成的稳定的态度和行为方式。性格处于人格的中心地位。德国哲学家康德早在 18 世纪就曾指出,德性只有在人格的准备下才能形成。因此,培养青少年的思想品德就不能仅仅着眼于社会意识的灌输,更要着眼人格的培养,着眼于有效地促使社会主流影响与学生人格的融合。

(一)人格的培养

人格的形成过程,不是一种自然增长的过程,而是矛盾运动的过程。人格内部诸因素之间以及个体与社会影响诸因素之间存在着纷繁复杂的矛盾。例如,有的学生在学校里被评为"劳动积极分子",而在家里却是什么活也不愿意干。为什么同样的学生,在不同的情况下会有完全不同的两种表现,客观地说,这还不是什么"双重人格",而是人格形成过程中,内外诸因素之间矛盾的表现。学校对学生进行劳动教育,要求学生热爱劳动,积极参加劳动的学生会受到老师的表扬和同学的称赞,会获得荣誉。

有些学生的家庭,家长只要求学生读书,从不要求学生劳动,一切日常生活都由家长侍候。这样两种相互矛盾的影响同时作用于一个学生身

上,在他还没有真正形成劳动观点和劳动习惯时,在学校为了得到老师和班级集体的赞扬,就积极参加劳动,回到家里,激发他争取表扬的外部条件不存在了,他对劳动自然就不积极了。这个事例说明,塑造学生完善的人格,必须深入细致地分析人格形成过程中内外诸因素的矛盾,有针对性地采取各种措施,促使矛盾向积极方面转化,也就是要促使学生自觉地接受和内化外部的积极影响。

人格的培养可以巩固已形成的品德心理特征,也可以改造或矫正不良品德。个体所形成的道德品质的好坏与稳定,是主观与客观、内部与外部等多种因素综合作用的结果。人格特征是其中一个重要的影响因素。如果一个人形成了积极的、良好的人格特征,那么他的言语举止、待人接物的形式就能为社会所接纳,为他人所欢迎。于是他的行为对社会所产生的积极的有意义的效果,在客观上,为其形成良好品德创造了优良的环境条件;在主观上,对其已形成的良好的道德品质是一种强化,一种积极的反馈。这就可以达到巩固所形成的良好品德心理特征的效果。

所以我们说个体的人格特征反映了一个人对人、对物、对社会的心理倾向。这种倾向性以及与之相应的行为方式在个体的社会生活中可以起到道德动机的作用,成为推动个体从事某种活动的动力。

(二)德育对人格形成的作用

从前面的事例,我们可以看出,影响人格形成的因素一是外部环境(社会的影响、学校、家庭的培养教育)的作用;二是学生自我感知、自我教育的能力。人在与客体的交往过程中能逐渐认识自己、认识自己与客体的关系,并能据此对自己的思想行为进行自我观察、自我评价和自我调节。正因为人都具有这种自我意识和自我教育的特性,加之每个人的主观内心世界各有不同,因而每个学生都以自己的方式对待外部影响,或者持肯定态度、积极态度;或者持否定态度,抵制排斥;或者持中立态度,淡漠处之。

以上两个因素中第一个因素就是德育过程,而第二个因素自我教育能力的提高也是德育的结果,是进一步塑造人格的条件和内部动力。学生自我教育能力的增长,就能提高他们的上进心和自律的能力,"择其善者而从之,其不善者而改之"。可见德育对人格形成与完善具有催化的作用。

同一年龄阶段学生人格的形成,既有共性,也有个体的独特性;而每一个个体又存在着不同发展阶段上的差异。由于人格形成过程中存在着这种变动性与差异性,所以,德育并不是机械地用同一个方式向所有的学生传播社会意识,而是要深入细致地分析受教育者矛盾的普遍性和特殊性,有针对性地进行工作。

从以上的分析中可以看出,德育的本质是教育者根据社会的要求,把一定的社会意识转化为受教育者的思想品德。德育是教育的一个有机组成部分,是首要的教育活动。德育培养的受教育者的品德包含反映社会意识的道德品质、政治品质和思想品质,也包含个性心理品质。因此,德育的实质是塑造人格。

第二节 学生学风建设模式创新

一、学风

(一)学风的含义

1. 学风的概念

什么叫学风?《现代汉语词典》的解释是:"学校的,学术界的或一般学习方面的风气。"

学风是长期形成的、一种无形的东西,是人们对获取知识和运用知识的一种态度,是人们看问题的方法,是道德观、价值观、人生观的一种体现。人类社会各阶层、各领域都有自己的学风。学校有学校的学风,学术界有学术界的学风,党有党的学风。良好的学风是端正党风、社会风气的必要条件,是提高党的执政能力,促进社会进步的前提。

学风,关系到一个国家的意识形态,一个民族的精神状态;学风,关系到知识、学术的健康发展;学风,关系到知识界、学术界的声誉和科学人才的成长;学风,关系到一个国家甚至人类对自然、对社会的态度。

2. 学风的关键是"学"

学风之关键,在一个"学"字。好的学风是学习之风,不好的学风是不学之风。对于非学界人士来讲,不学之风是一种不良的社会风气;对于以学为业的人士来讲,不学习就是失职,不学之风就是失职之风。

要使全社会形成好的学风,首先要树立全民热爱知识、尊重知识、学习知识意识。当前,我们国家提出建立"学习型社会"正是热爱知识、尊重知识、提倡学习知识的具体体现。英国著名哲学家弗兰西斯·培根曾说过："知识就是力量。"

其次，对待学习工作要有严谨求实的态度。严谨求实的学习和工作态度是获得知识并使事业取得成功的基础和前提。在学习和工作中切忌浮躁和弄虚作假，要提倡求真、务实、严谨、创新的科学态度。

最后，要倡导理论联系实际的马克思主义学习观。理论联系实际，是马克思主义学风的本质要求，也是端正学风必须解决的重大问题。

（二）高等学校的学风与校风

高校的学风，从广义上讲，是指一所大学的学习之风、教学之风、学术之风。高校的学风是在长期实践积累过程中升华出来的优良传统，凝聚全体教职员工和广大学生的学术思想、办学理念和思想方法。因此，高校的学风，其实"是一种氛围，是学术氛围和学习氛围。一流大学的空气中必定弥漫着一股浓郁的、厚重的文化气息，再差的学生在这样的空气中熏染一番，骨子里也会透着高雅的书香气质。正如古人所谓的'世代书香'，一个人在良好讲学的空气中熏陶几年，即使没有什么专精的造就，走出来谈吐举止，总有满身的书香，不至于处处露出俗气俗态"。这便是高校学风的最高境界。①

高校的学风，从狭义上讲，是学生学习方面的风气，即学习主体（学生）的学习目的、学习态度、学习能力及学习品质等内在人格作用于主体本身而产生的外部反映。学风的形成是一种潜移默化的过程，这一过程指导、支配着大学生的物质生活与精神生活的价值取向和行为模式，是学生思想道德素质的反映。

学生是学校的主体，所以，学生才是学风建设的主体。因此，我们主要探讨狭义上的学风，即学生的学习之风。

二、当前学风状况分析

我国教育权威部门的看法是：从整体上看，各高校学生的学风状况是好的，学习积极性高，注重改善自己的知识结构和学历层次，重视社会实践和综合能力的提高，注重自我实现和自我发展，特别是名牌大学。名牌大学一般历史悠久，治学严谨，长期以来形成了具有自己特色的良好学风，受其熏陶和影响，学生的学习气氛浓郁，学业追求较高。一般大学在

---

① 李玲.高校学生管理工作创新研究[M].长春：吉林人民出版社，2020.

学风建设方面也下了大功夫，采取了各种措施，努力创造优良学风。结果是，大学生中，考研、考证、跨专业选课的人越来越多。这是我国高校建设中不可忽视的成绩和主流。但是，我们也要看到，在许多大学生中也存在着学习目的不明、学习态度不正、学习纪律松懈、学习动力不足等不良现象。我们有必要加以分析和解决。

（一）大学生学风存在的几个问题

1. 学习目的不明确

一些大学生缺乏明确的学习目的，不知为何而学，不知为谁而学。许多学生没有确立远大的奋斗目标，没有为国家、为社会做贡献的崇高理想，甚至连自我人生设计、今后如何实现自己的人生价值都没有想过。他们得过且过、当一天和尚撞一天钟。所以，有的同学上大学就是为了混一张文凭，好找一份环境舒适、报酬丰厚的工作；有的同学是为了应付父母的压力，完成父母"成龙"的愿望，不得不在大学混日子，熬年头；还有的同学学习时很茫然，处于"无目的"状态，不知为什么而学和怎样学习，完全机械地应付，以图"过关"。在这些学生的心目中60分就"万岁"。

2. 学习态度不端正

有的学生平时不努力，考试时临时抱"佛脚"，实在不行便投机取巧，抄袭作弊。考试作弊几乎每年都有，而且手段越来越高，工具越来越先进，从呼机、手机到"枪手"无所不及，已成为大学学风建设的顽疾。

3. 学习纪律松懈

现在的大学生缺乏吃苦精神，自控能力太差，所以学习纪律松懈。表现为学生违纪现象屡见不鲜，组织纪律松弛，考试作弊现象屡禁不止，严重地影响和破坏了校园学习风气。有的学生上课旷课、迟到、早退，上课不专心、作业抄袭，甚至在上课时吃零食、睡大觉、看小说杂志、打电话发短信、听音乐等；有的学生在正常的教学时间内逛大街、泡网吧、玩棋牌、谈情说爱。他们想干什么就干什么，处于一种失控状态，缺少约束和自觉性。从对一些学习成绩差的学生调查可以看到，除了本身的基础外，有一个共同的原因就是不去上课，不认真完成作业。还有部分学生认为大学读书是一件苦差事，不如追求轻松浪漫的生活，所以提出"爱情第一，学习第二"。一时间校园里恋爱成风，将大好时光浪费于卿卿我我、花前月下。有的学生还有"读书无用论"的思想，认为学习再好，毕业后工作也难找，既浪费了青春,又浪费了金钱,反正读书没用,不如不学。

4.学习风气两极分化明显

同专业、同班的学生中学习差别明显。这一现象普遍存在于各高校之中。就一般大学而言,好、中、劣的学生基本各占1/3。好的那部分学生具有远大的抱负,学习态度端正,学习成绩优良,连年获得奖学金。中间部分虽然学习目的不是很明确,可他们知道为自己的将来、为父母的期望而学,虽然偶尔偷点懒,但关键时刻还是可以下苦功,比如临考试前开"夜车"。后面1/3基本上是迷失的一群,二考、重修是他们的家常便饭,这些人是我们挽救的对象,教育好可以顺利完成学业,甚至还可以加入好的群体,否则,将被淘汰。所以,这部分人是学风建设重点关注的对象。

不同专业学生的学习风气也不尽相同。热门专业、就业形势好的专业,学生学习的热情高,学风状况较好。反之,就业形势不好的专业,学生觉得学得再好,将来也没前途。由于这些学生不能正确认识和对待所学专业,所以导致学习不安心,成绩不理想,出现厌学现象。

学校之间学习风气的差别明显。名牌大学由于学风建设历史悠久,笃学之风盛行;生源质量高,具有较高的事业追求;学生对学校的认同感强,入校后能安心学习。所以综合优势明显,学生的学习气氛浓郁,好的群体比例高,差的群体比例低。而一般高校不具备这些优势条件,因此,学风状况不如名牌大学。同一层次的大学由于环境的不同、专业设置的差异、管理水平的高低,学生的学习风气也不尽相同。

总之,大学生中的学风问题普遍表现为,学习动力不足,厌学之风盛行。要解决这些问题,首先就要分析学生厌学之原因。

(二)大学生中产生厌学之风的原因

自20世纪70年代末恢复高考至今,高校学风状况发生了不小的变化,大致可分为三个阶段。第一阶段是70年代末至80年代末,整个社会的学习风气空前浓厚,当时的大学生大都经历过无书读、不读书的年代,对来之不易的学习机会极其珍视,这时大学生的学风最好。第二阶段是90年代初至90年代中后期,由于受商品经济大潮的影响,"十亿人民九亿商,还有一亿在观望",大学生经商现象也普遍存在,因此,学风开始滑坡。第三阶段是90年代中后期至今,高等教育进入大众化时期,随着高校不断扩招,学生素质有所下降,再加上就业形势日益严峻,致使许多学生感到困惑、迷茫,造成学风良莠不齐。影响当前学风状况的原因很多,归结起来有三大方面。

1. 社会方面的原因

社会上的不良风气对学生造成负面影响。随着社会主义市场经济体制的建立,人们的日常经济生活和政治生活都发生了巨大的变化。这些改变也体现在大学生身上,使他们的思想意识、价值观和道德取向悄然发生改变。不可否认,有些新观念对大学生的思想起到积极作用,如知识观念、竞争意识等,但市场经济的逐利性,社会上出现的拜金主义和享乐主义,各领域中的某些不正之风及社会道德水平滑坡等丑恶现象,大学生不能有一个正确的理解,这些都对他们的思想意识产生消极的影响,造成他们在学习中功利主义倾向严重,只对那些实用的知识感兴趣,忽视基础知识的学习;造成他们诚信道德缺失,以谎话为理由迟到、早退、旷课,抄袭别人的作业和实验数据,考试想方设法作弊;造成他们心理不平衡,学习积极性受挫。

日益严峻的就业形势对学生造成负面影响。近年来随着大学毕业生的增加,他们面临的就业压力越来越大,大学生中流传着这样一句话,"大学毕业就意味着失业",再加上就业竞争中的机会不平等,使不少学生觉得学习好坏无所谓,不如多认识些人,多交几个"朋友",毕业后好有个照应,于是将精力和财力用在吃喝玩乐,交"朋"会"友"上。另外,一些企事业单位在用人时过分强调动手能力,使学生产生轻书本重实践,轻学术重实用的倾向,于是在学习中就失去了方向。

校园周围环境影响学生的学习氛围。高校是圣洁的学术殿堂,应远离世俗,周围应该充满浓郁的书香气。可是,我国几乎所有大学四周都是饭馆、旅馆林立,酒吧、网吧遍地。这为学生不上课、酗酒滋事、泡网吧、玩游戏、谈恋爱提供了舒适的场所。

社会、家长对学生的过分袒护影响学风。大学生越来越成为社会关注的对象,学生中的一切问题都引起方面面的极大重视,这种情况在十几年前是极少见的。社会能够关注学校是好事,但是,由于他们对学校的制度不了解,有时起到反作用。拿考试作弊这一败坏学风的现象来说,上至教育部,下到各高校,都下了大力气,制定了严格的管理规定,对严重作弊的学生进行严厉的处罚,目的是树立正气,刹住歪风。可是,学校按规定处理起来阻力很大。社会认为受罚学生是弱势群体,一味地舆论袒护,学生家长更是想方设法找关系、找电台报社,甚至公然销毁学生作弊证据,使学校很难处理违纪学生。这样似乎"挽救"了个别学生,其实不仅害了他,更害了其他大多数学生。一个违纪没有得到应有的处罚,就会有一群跟上来,这样大学岂不培养了一批只会投机取巧的学生,学风如何能好转！高校不想处罚任何学生，但为了大多数学生，又不得不处理个别严重违纪的学生，如同社会上为了秩序要抓罪犯一样。

2. 学校方面的原因

（1）扭转学风缺乏行之有效的措施。许多高校都认识到学风建设的重要性，但是如何抓，缺乏有效的措施，很多做法都流于形式。要么是"头疼医头，脚疼医脚"，课堂纪律不好，领导、辅导员就齐出动，抓纪律；考试纪律差就忙抓作弊；英语四、六级合格率低便强调四、六级的重要性等，没有一个系统的、长期有效的措施。要么停留在口号上，缺乏深入实际的工作，天天高喊"学风是学校的根本，要抓学风、促校风"，可是一年下来，也只开几个会议，发几个文件了事。

（2）奖惩制度不健全影响良好学风的建立。虽然许多学校都有对缺课、旷课学生的纪律处罚措施，但不利于操作，落实难。一旦对违纪学生处理不及时、不严格，则滋长了学生的不良风气。另外，学校的管理规定中，过分强调惩罚，翻开每个学校的学生手册，都详细制定了对学生违纪行为的处罚措施，而对学习态度端正，学习成绩优良的个人和集体的奖励制度却很少，缺乏有效的激励机制。

（3）学校各部门间缺少协调配合，特别是教学主管部门和学生管理部门。通常是教学部门只抓教材和教师的备课、上课；学生管理部门抓学校的安全与稳定、大型活动、学生的奖励与处分等。这样，教师不知学生课外在想什么、做什么，讲课的效果如何；学生工作者不了解学生的出勤情况、课堂纪律。由于双方缺乏沟通，既影响老师的教学效果，又为学生逃课提供了方便。

（4）学生辅导员的精力、能力、素质影响学风建设。按规定，高校辅导员与学生的比例应该按 1∶200 配备，但实际辅导员的数量却不够。目前，由于种种原因，许多学校都达不到这一比例，有些辅导员要带几个班，300个学生，很难进行有效的管理。

辅导员对学风建设工作精力投入不够。他们整天忙于事务性工作，缺少对学生深入细致的思想教育及学生学习目标的培养，无法准确掌握学生学习情况的第一手资料，不能有针对性地解决学生在学习方面的问题。

辅导员的能力和工作经验不足。现在各高校的辅导员大多是由应届毕业的本科生和研究生选聘的，工作时间长得一般也只有三四年。20多岁的青年，人生阅历还不丰富，还很难对学生的成才进行全面的引导。因此，他们从学生到老师的角色转换需要一个过程，工作能力和经验的提高也需要时间。

有些辅导员的素质有待提高。总的来说,各高校选聘的辅导员都是同龄人中的佼佼者,综合素质都较高。但是,他们也生活在当今社会的大环境中,一样会受到不良风气的影响。我们不得不承认,有个别人素质不高,身上沾染了一些社会恶习,在学生入党、评奖评优、纪律处分等问题上进行权钱交易,在学生中影响极坏,严重挫伤了学生的学习积极性。

（5）教师的师德、教学水平影响学风。授课教师缺乏责任心,只教书不育人。不少老师不注重课堂的组织和学生是否接受,仍然按照过去的模式,只求课程的进度,以完成教学任务为"天职"。有的老师授课方法陈旧,照本宣科,不与学生交流沟通,只管自己上课,不管学生反应,很少顾及是否学懂弄通,教与学没有得到有机的统一。有的老师教学内容陈旧,课堂是学生学习、获取知识的主阵地,但是教案几十年不变或更新速度太慢,无法激起学生的求知欲。另外,在教材的选择上存在较大的盲目性,有的教材知识落后,跟不上形势和科技的发展;有的教材根本不适合专业,没用;有的是学校设置了课程却没有提供教材。我们历次在学生中进行的学风状况调查发现,学生反映比较大的都是授课环节。因此,课堂教学缺乏吸引力,不能充分调动学生学习兴趣,是学生"厌学"的重要原因之一。

3.学生自身方面的原因

影响大学生学习风气的因素虽然有社会的和学校的,但那些都是外因。外因虽重要,但必须通过内因才能起作用。那么,什么是内因呢? 内因就是学生自身方面的因素,这才是起决定作用的。当今大学生身上存在着积极的东西,比如思想活跃、容易接受新事物、有强烈的竞争意识和创新精神等。但他们身上也有许多消极的因素,比如缺乏吃苦耐劳精神、个人功利思想、虚荣心理、好高骛远等。这些消极因素是学风不佳的根本原因。

（1）没有奋斗目标。不少学生在上大学之前,家长和老师给他们灌输的唯一的奋斗目标很明确,那就是考大学。为了实现这一目标,他们可以起早贪黑,"头悬梁、锥刺股"。经过十几年的奋斗,千辛万苦考上大学以后,原来的目标实现了,而新的目标还没有确立。普遍出现思想茫然,学习没有了动力,觉得可以松口气,好好享受一下"美好生活"。于是出现了许多问题,比如不能正确处理学习与恋爱、学习与娱乐、学习与休息的关系,沉湎于谈情说爱、跳舞打牌、玩电子游戏、看武侠小说。个别学生酗酒、打架,更有少数学生沉溺于网吧,把学习抛于脑后。他们没有认识到进入大学只是人生转折的一个关键点,而绝不是终点,这只是人生的"万里长征"走完了第一步。

(2)不能尽快适应新环境。现在的大学生绝大多数是独生子女,在父母、爷爷奶奶、姥爷姥姥和七姑八姨的精心呵护下长大,从小娇生惯养,可谓"衣来伸手、饭来张口",从未吃过苦,所以生活自理能力和心理自制能力较差。在上大学之前,为了增加他们的学习动力,家长和老师将大学生活描绘得天堂一般,到处充满着诗情画意。进入大学才知道,大学的学习并不是想象得那样轻松。大学的学习方法和学习环境与中学也有较大的差异。大学教学的进度快、知识容量大;自己支配的时间多,学习靠自觉,不像以前有老师、家长天天在身边督促。面对这样的环境,有些学生不适应,不能从放松的心理状态下及时紧张起来,不能从旧的学习方式中摆脱出来。大学中又存在着竞争压力、人际压力甚至经济压力,这些都是"小皇帝"们以前没有遇到过的。一下子要应对那么多新问题,使得他们心理负荷过重,遇到挫折时容易自暴自弃。种种情绪波动则使大学生的学习态度变化不定,学习成绩飘忽不定,学习风气亦随之大打折扣。

(3)理想与现实的矛盾。这种矛盾主要表现为三个方面,一是没能考入理想的学校或理想的专业;二是梦想中的大学与现实差距较大;三是在社会上大学生的头衔与实际地位反差大。许多高校每年都会遇到这样的学生,高中时学习成绩很好,但高考分数不高,未能进入理想中的大学,无奈选择了现在的学校,觉得前途暗淡,失去了学习信心;许多学生由于专业选择上的限制,往往学非所愿、学非所长,学习动力严重不足。许多学生梦想中大学应该是环境优美、设备先进、教师水平高,可上大学后,感到差距很大,处处都不如意。北京市曾经组织专家对60所在京高校课堂教学进行调查,专家和学生反映最不满意的就是教学方法、教学手段落后,挫伤了学生学习的积极性。现在的大学生还不能摆正自己的社会地位,还存在着"精英教育"年代大学生是"天之骄子"的优越感。当大学生背后耀眼的光环被四处求职的尴尬所代替,社会优越感受到挑战时,普遍存在受挫心理,造成学风日下。

(4)部分学生学习基础差,跟不上。自从高校大规模扩招以后,各大学几乎都面临学生学习基础差、入学成绩低的问题。甚至有人认为,名牌大学招收的部分学生是以前一般大学的水平,而部分一般大学招收的学生仅相当于过去专科生的水平。学生质量在下降,可大多数学校的课程设置、授课方式、考试难度都没变化。这样,基础差的那部分学生就会听不懂所学课程,缺乏学习兴趣,因而"厌学"。

总之,现在高校学生的学风状况存在许多问题,主要表现为学生"厌学"情绪严重。造成这种状况的原因很多,但主要在于学生本身,在于他们的思想、心理、品格等。因此,我们在研究和进行学风建设时,必须从学生入手,重点解决他们的思想、心理问题。

三、高校学生学风建设模式创新分析

大部分高校在抓学风建设这个问题上,学生工作过分强调抓纪律、严管理。各学校对于违纪学生处分的规定很多、很细,而从正面引导、奖励的办法却寥寥无几,基本是"三好学生""先进班级"等几种荣誉。严格管理并没有错,但身边都是"反面教材",缺少学习榜样,大多数学生会觉得"我现在可以了,比他们强多了",从而导致上进心不足,得过且过。我们应该加强"鼓励"教育,拿"放大镜"去看学生身上的优点,多鼓励、多表扬,这样,教育者与被教育者才能求得相互的认同,教育才能被接受,否则必定产生逆反心理,两者出现对立,这是教育的失败。

我们通过制定和实施"创建优良学风评选奖励办法""学生奖励办法"和"班级建设暂行规定"等创新方法,搭建学风建设平台,营造一个"比学习、争先进"的良好氛围,从而推动学校的学风建设。

学风建设是高等学校工作的重要内容。学风建设工作主要体现在"教"与"学"两个方面。充分调动学生对学习的积极性和主动性,是解决"学"的关键。我们试图通过以强化班级建设为基础,创新管理制度为手段,建立大学生学风建设新的机制。

该机制是以学生为中心,以班级建设为重点的学风建设工作体系。该体系以班级建设为组织保证,以各种激励办法和强化管理为制度保证,搭建若干活动平台作为各种教育活动的载体,解决长期困扰高校学风建设"抓什么""如何抓"的问题。抓什么?抓班级建设;如何抓?抓目标,抓组织与制度、抓过程、抓先进典型的树立。

(一)新机制的建立

以规范和加强学生班级全面建设为基础,围绕全面创建优良学风班,提高学生的综合素质这一目标,建立学风建设的目标体系、保障体系、过程控制体系、评估奖励体系,探索出高校大学生学风建设的一条新途径。这是一个完整的、封闭的学风建设的循环系统。从目标确立到总结评估表彰,再到更高目标,这样循环往复。通过目标的不断修订和体系的不断完善,达到学风建设水平的逐步提高。

1. 建立目标体系

很多高校在进行学风建设时普遍存在目标不明或目标不具体等问题。我们建立新机制时首先要确定明确的、具体的学风建设的近期目标和长期目标。

近期目标：通过加强班级的组织建设、制度建设、学风建设和班风建设，在较短的时间内使所有的班级达到合格班级的条件，并培育出一定数量的先进班级；通过开展文明修身工程活动，促进班级的精神文明建设，提高学生的道德修养水平，使相当数量的班级和个人成为文明修身先进典型；大力开展创建优良学风活动，建设更多的优良学风班，带动全校学习风气的根本好转。

长期目标：以强化学生班级建设为重点，建立优良学风班风建得完整、科学的体系；通过长期全面开展优良学风的创建活动，在学生中形成"严谨、求实、勤奋、创新"的学习风气，使学生明确学习目的，激发起学习动力，调动起学习主动性和积极性，从而达到学生综合素质的提高。

2. 建立保障体系

各高校针对加强学风建设这一问题都有很高的认识，也都制定了一些管理制度，但是不够完善，对学风建设的开展、过程的管理、效果的评估、总结评比及奖惩等没有一套完整的规章制度；有的学校虽然制定了规章制度，但缺乏保障这些制度贯彻落实的组织机构。机构不健全，制度只是一种摆设。

我们的保障体系就是从组织上和制度上保证学风建设体系正常运转。保障体系包括组织机构和规章制度。

（1）组织机构。加强班级组织建设，培养选拔一支思想过硬、工作能力强、学习成绩优良的班干部队伍。加强辅导员、班导师队伍建设，强化他们在学风建设中的职能，发挥他们在学风建设中的主导作用。建立学校、学院、年级、班级学风建设领导小组，负责学风建设各项制度的落实及指导、检查、评比工作；班级要组织若干个帮教小组，负责学习落后学生的帮助教育工作，以达到共同提高的目的。[①]

总之，从上到下建立多层次的班级学风建设组织保障体系。

（2）规章制度。建立和完善班级建设、日常管理和奖励三方面的规章制度，确保学风建设活动的顺利开展。

---

① 李正军.高校学生管理工作概论 [M].保定：河北大学出版社，2002.

制定《学生班级建设规定》，并根据其要求，规范和强化班级各项建设，内容包括组织建设、制度建设、学风建设和班风建设。班级的这些建设是这个体系的关键，是学风建设的基础。班级建设涉及每一位学生，重视和加强班级建设，真正把学生工作做到班级，才能面向全体学生，贴近全体学生，作用于每个学生，最大限度地激发和调动广大学生的积极性、创造性，才能有针对性地指导、帮助和促进每个学生学习、成长和成才，满足最广大学生的需要。

制定各项日常管理制度。建立合理、具体、量化且具有科学性和可操作性的班级建设评估体系，定期对班级进行全方位的评估考核；制定严格的班级学风建设检查制度，各组织机构对班级的学风建设情况进行检查；参照《高等学校学生管理规定》制定相应的学生学习纪律有关规定，约束学生的学习行为。学习纪律包括课堂纪律、教学区及校园纪律、考试纪律等。这些制度是实现过程控制的前提，实现"以建代评"的保证。

制定创建优良学风评选奖励办法、学生奖励办法、奖学金管理办法等，建立激励机制，对学生进行正面的引导，弘扬正气，鼓励先进。

这些规章制度以班级建设为基础，以日常管理制度为保障，以奖励制度为激励，从而保证了学风建设管理系统的建立。

3. 建立过程控制体系

学风建设活动注重过程管理。良好学风的形成应重在建设过程，而不能简单地用年初开会布置，年终下指标评选表彰的办法来实现，必须摒弃以往"以评代建"的模式，而以"重建轻评"引导学生将精力用在"创建"的过程上来。

通过制定和全方位落实班级学风建设检查制度、关于学生学习纪律有关规定，实现对班级学风建设过程进行全程监控。

过程控制体系的建立可以使我们及时掌握班级学风建设的情况，及时解决发现的问题；检查结果又是考核评估班级建设情况的重要依据。

4. 评估奖励体系

评估奖励体系由学生班级建设评估体系、学生奖励办法、学生奖学金管理办法、创建优良学风评选奖励办法组成。全面考核班级建设情况，考核体系指标要合理、具体、量化，要具有科学性和可操作性，制定学风建设的评比奖励办法。科学的评比奖励办法能将成绩突出的班级和个人选拔出来，给予物质和精神鼓励，能激发全体学生积极向上的热情。

（二）搭建学风建设活动平台

各高校都开展了各种形式的学风建设活动，但是这些活动大多缺乏长期性、连贯性、科学性和系统性，头疼医头、脚疼医脚，没有长期计划和目标，没有深入和递进。

搭建若干个长期的、相对固定的活动平台，为全面开展班级建设提供活动载体，这是学风建设新机制的重要内容。我们搭建了三个大型平台，那就是在全校范围内大力开展创建先进班集体活动、新世纪大学生文明修身工程活动、创建优良学风班活动。这三个平台的设计有层次、有侧重。先进班级与文明修身先进集体标准相对低，优良学风班标准高；先进班级侧重基础建设，文明修身先进集体侧重思想道德建设，而优良学风班不仅两者兼而有之，且学习成绩要求很高。

1. 创建先进班集体活动

在全面实施《学生班级建设规定》的基础上，开展创建校、院先进班集体活动。这项活动中合格班级（基本符合班级建设规定）建设是基础，是最起码的要求；先进班级（完全符合班级建设规定）建设是目标。在较短的时间内使所有的班级达到合格班级的条件，在此基础上逐步建设出大批先进班级。

2. 开展新世纪大学生文明修身工程活动

文明修身工程是强大学生学风建设的重要措施之一。制定文明修身工程实施方案，号召班级和个人投身文明修身工程活动，争创文明修身先进集体和先进个人。我们将在大学四个年级分别设定专题进行相对固定的文明修身工程活动。一年级进行"基础文明教育"，二年级进行"诚实守信教育"，三年级进行"团结协作教育"，四年级进行理想信念教育。这样，每一个学生在大学四年的时间里就会经历四个专题的教育活动，从而达到提高修养、完善自我的目的。

3. 创建优良学风班活动

在学风建设的机制中，班级建设的最终目的就是要建设优良学风班。制定创建优良学风评选奖励办法，高标准、严要求，将班级打造成学习风气浓厚、学习成绩优良、文明守纪、诚实守信的坚强战斗集体；高荣誉、重奖励，调动学生积极性，全员参加优良学风班的创建。通过长期的创建活动，如果学校的所有班级都能达到优良学风班的标准，那么就真正解决了学生"学"的问题,学风实现了根本的好转。

4.新机制对这三项活动的全程控制

各班级学年初要提出参加创建活动申请,制定目标、创建计划和措施;建设过程中启动过程控制体系进行监控,各组织机构行使职责,随时掌握活动的进展状况,及时解决发现的各种问题,学年末启动评估奖励程序,按照班级建设评估体系、文明修身工程活动方案和创建优良学风评选奖励办法对各班级进行评估打分,按照学生奖励办法对成绩突出的班级和个人进行表彰奖励。各级组织机构总结经验,修订目标,制定下年度计划,开始新一轮循环。

第八章 高校学生就业与创业工作管理模式创新

　　随着大学生就业体制的逐步深入，高校连续多年扩招，大学生面临着越来越严峻的就业形势，毕业生急剧增多，而用人单位却没有明显增加，供需比例发生了严重的失调。许多大学生出现了焦虑、不安等情绪状况，更有甚者出现了严重的心理问题。大学生只有做好了正确积极的心理准备和掌握了相关的求职技巧，才能在如此严峻的就业形势下勇敢地迎接挑战。

第一节　学生就业工作管理模式创新

一、大学生就业形势现状

（一）大学生就业形势中的"喜"

"喜"主要表现在以下几方面。

1. 国家出台了一系列的就业政策来逐步促进和帮助大学生就业

近几年国家出台了一系列的就业政策来逐步促进和帮助大学生就业。同时,目前我国近几年实行的是"以市场为导向,政府调控、学校推荐、毕业生与用人单位双向选择、毕业生自主择业"的就业政策,这一开放的政策也给广大高校毕业生增加了更多公平竞争的机会。可以说,国家的新政策给即将毕业的大学生带来一剂宽心丸。另外,各级地方政府也结合本地实际情况,制定具体政策措施,对促进大学生"充分、及时"就业,起到了积极的推动作用。

2. 国家采取多种措施提供就业工作岗位

大学生就业问题得到国家前所未有的重视。为了力促高校毕业生就业,国家为高校毕业生直接提供了许多特设的就业工作岗位。如通过"三支一扶""村官计划""西部计划"教师特岗、事业单位招录、公益岗位的设立、大学生入伍等措施,促进大学生及时就业。

3. 国家经济持续增长,带动了对毕业生的需求

发展国民经济是解决毕业生就业的根本途径。据统计,国内生产总值每增加1%,平均可增加80万个就业岗位。近几年,我国经济持续发展,经济增长率较高,拉动了社会对毕业生的需求。

4. 民营企业、三资企业等中小企业的迅速发展,扩大了就业渠道

随着社会主义市场经济的建立,我国经济结构发生了重大变革,出现了以公有制为主,多种经济成分并存的格局。中小企业、民营企业、三资企业、股份企业等非公企业的迅速发展壮大,不但带动了我国社会经济的

快速发展,也为高校毕业生提供了众多的就业工作岗位,改变了高校毕业生就业渠道单一的格局,扩大了毕业生就业渠道。[①]

5. 高职生已逐步得到社会的认可

随着社会主义市场经济体制的确立和发展,与之相适应的产业结构、人员结构也在不断进行调整,社会对人才需求结构发生了变化。一线技术操作人员已成为企业生产经营的生力军。国家大力发展职业教育,促进了高校的迅速发展,高等职业教育已经占据全国普通高等院校的半壁江山,影响力日益扩大。高职生因为具有"留得住、用得上、动手能力强"的鲜明特点,已逐步为社会及用人单位所认可,近几年,毕业生就业状况逐步改观,令人满意。

(二)大学生就业形势中的"忧"

"忧"是随着高校毕业生人数的不断增加,专业和社会需求的严重不对口,就业形势还是不容乐观的,高校毕业生人数正以一个高速增长的态势激增,待业人数也只增不减,更反映出了在现阶段,毕业生就业形势严峻已成为一个不争的事实,毕业生将面临更多更大的挑战和竞争。

二、大学生就业形势现状的原因

造成目前大学生就业形势的原因可以从社会角度和毕业生自身的角度两方面来分析。

(一)从社会角度来看

1. 缺乏全国统一的劳动力市场

我国目前尚未建立全国统一、竞争有序的劳动力市场,结果导致一些地区和部门的失业者求职无门,用人者招人无路,严重制约了经济欠发达地区与经济发达地区之间、城乡之间和行业之间的劳动力转移和流动。

2. 市场体制尚不健全

目前,我国对毕业生的包分配取消了,但毕业生就业市场尚未建立或

---

① 梁书杰.高校学生工作模式与管理方法研究[M].长春:吉林科学技术出版社,2019.

很不健全,加上学校的招生、专业设置、教学内容、培养模式等因素基本上仍然按计划体制的模式运作,以致毕业生就业时供需失衡,专业结构失衡。

3. 其他劳动力类型抢占就业市场

劳动力供大于求压力逐年加大,城镇新成长劳动力,下岗人员,城镇登记失业人员,按政策需在城镇安排就业的农村劳动力和退役军,大量初、高中毕业生都将占据每年就业人数的大部分,从而进一步缩小了高校毕业生的就业市场。

4. 供需不平衡

高校专业设置与社会需求错位,绝大多数毕业生专业不能与社会需求专业相吻合。大学生就业与产业结构的调整以及地区经济发展周期有较大的关联,社会需求起伏较大,而我国四年一个周期的高校专业设置决定着专业人才的产出量。

5. 个别地区的一些政策对高校毕业生就业有一定影响

北京、上海等地出台了相关政策,仍实行严格的户籍准入制度,提高了就业的"门槛"。

(二)从毕业生自身角度来看

1. 就业观念滞后

目前大学生就业理念受社会各种价值取向的影响,普遍存在四大误区。
第一,"宁愿出国戴光环,不在国内做职员"。
第二,"宁到外企做职员,不到中小企业做骨干"。
第三,"创业不如就业"。
第四,"就业难不如再考研"。

2. 准备不足,职业生涯模糊

许多毕业生在择业前没有做充分的就业准备,盲目的就业常会导致就业失败。有很多学生有就业恐慌表现。

3. 缺乏求职技巧

部分大学生缺乏基本的求职技巧,没有对面试的基本礼仪及简历的制作等做有针对性的准备,使毕业生失去基础的竞争力。简历普遍内容冗长,无关联信息较多,套用时下流行的词汇,这些都会直接影响就业。

4. 缺乏工作经验

我国大学生在求职中遇到的最大困难是"缺乏工作经验",缺的是良好心理素质、礼仪和法律观念以及实际的工作能力,如何在教学过程中提高学生的实际工作操作能力已成为各高校各项工作中的重中之重。

当然,还有一些其他原因同样造成了当今高校毕业生就业形势严峻,例如,某些专业人才过剩、毕业生的频繁跳槽等,因此,我们应该看到,就业形势依然不容忽视,我们应该从各个方面努力,以缓和毕业生就业难的问题,尤其是加强对毕业生们的指导,使其树立正确的就业观,合理准确地定位,顺利实现就业。

三、大学生就业选择中的困惑

(一)大学生就业选择中容易出现的问题

1. 过度孤傲

孤傲心理是缺乏客观自我分析与自我评价的表现。性格孤傲的人对于自己的评价往往过高,总是与现实有着不小的差距。在就业中他们总是眼高手低,不愿意做基础的工作,一旦受挫就沉浸在幻想中,以此逃避现实生活。

有的大学生之所以产生孤傲的心理,是因为他们确实在很多方面都有着过人的优势。比如毕业于名牌大学,平时学习成绩很不错,在一些比赛中获得过傲人的名次,等等。可是,一旦离开大学,进入社会后,一切都将重新洗牌、重新开始。过往那些优势固然能成为敲门砖,但一味固守以往的荣誉,不愿意脚踏实地地面对现实生活,就会一而再、再而三地受挫。有句老话说得好,人必须有傲骨,但不可有傲气,人必须有自信,但不可盲目自信。大学生不应把自己的胃口吊得过高,瞧不上这家公司,瞧不上那个职位,东挑西拣,最后只会白白延误就业的好时机。唯有一步一个脚印,才能走向美好的未来。

2. 过于急躁

很多大学生做事情都过于急躁,这也为后面的就业埋下了很多隐患。比如,有的大学生刚刚和一家企业接触,他明明对这家企业的了解不够多，对这家企业所提供的岗位职责和技能要求都不太清楚，可一旦对方抛来橄榄枝就急切地和对方签约，等到发现自己的判断有误时，虽然后悔莫及却也无济于事。在进行职业选择时，最忌讳的就是急躁心理，这是一种不良心境，只会干扰我们的判断。而性格过于急躁的大学生一般自控力较差，很难抵抗住来自方方面面的诱惑。记住，过于急躁只会导致事倍功半，甚至事与愿违，唯有沉着应对，才能立于不败之地。

3. 过分追求享受

过分追求享受的求职心理在大学毕业生身上常常可以看到。一方面求职或择业的动机既有为国家、为社会、为人民做出贡献的强烈愿望，另一方面也有获取高收入、高地位的渴求。此外，有的毕业生认为自己接受了大学教育，理所应当比没上过大学的同龄人有更好的工作，于是在选择工作时对用人单位横挑鼻子竖挑眼，或是对收入不满，或是认为干这一行太屈才，最终贻误战机，只好将就凑合。大学生求职过程中的这种孤傲心理正是大学生不成熟的表现，一味地孤芳自赏、自以为是，结果只能在就业竞争中四处碰壁，无法实现自己的理想和人生目标。

4. 怯懦

有些大学生在择业求职过程中过于怯懦，他们害怕稍微正式的场合，害怕与人交流、接触，甚至是正常的面试都不敢去应对。比如，曾有一位大学毕业生一走进就业市场就心里发怵，参加面试前她会无数次地在心里给自己打气，而真正面对面试官的时候，她紧张得双腿发抖、嘴唇苍白，连一句最简单的自我介绍也说不出口。面对面试官的提问，她磕磕巴巴地回答着，生怕自己误解了对方的意思，或者说出了错误的答案。这样的人心理承受能力很差，性格脆弱、敏感，过于在意自己在他人眼中的看法。具有怯懦心理的大学生在能力上未必比别人差，他们发自内心地渴望公平、盼望竞争，但这种不良心理却限制住了他们的发挥，也阻碍了他们的发展。他们往往败于求职的第一个环节——即"自我推销"环节，面对他人的提问，他们急得面红耳赤，却回答不出对方满意的答案，反而给对方留下不佳印象。

5. 趋"热"、求"大"

很多大学生在求职择业的过程中，不仅有着求"名"心理，还有着趋"热"、求"大"的心理。比如，如今考公务员和事业单位是很多大学生毕业后的首要选择，因为公务员和事业单位的职工是大家眼里公认的"铁饭碗"，稳定、清闲、福利高，在家人的鼓励下，大学生们争相报考公务员。而公务员和事业单位的录取名额有限，又有很多大学生退而求其次，选择竞聘大企业的热门职位或进入当下最流行的行业，比如，有的大学生羡慕网络主播们的高工资，毕业后选择进入直播行业。有的大学生毕业后又重新学起了编程，就是为之后应聘"大厂"程序员做准备。这种情况下，一些冷门职业尽管急需大批人才，却无人问津。实际上，大学生在求职择业时，一定要根据自己的现实情况去做选择，只有这样，才能避免很多弯路。

6.过于求稳求全

很多大学生害怕颠簸动荡的就业生涯，于是，他们在择业的时候希望能够一步到位。其实，生活中很多事情都是"摸着石头过河"，求职择业也是如此。有些大学生在毕业时是迷茫的，为了找到自己的方向，他们选择"先就业，后择业"，先稳定下来，满足自己基本的生活需求，等累积了一定的生存资本和经验后，再去选择适合自己的职业。对于大学生而言，不必计较跨出校门的第一个台阶有多高，毕竟对于大部分人而言在刚刚进入社会的那一阶段就找到一份满意的工作是一件很难的事情，千万不要让"铁饭碗"的思想束缚了择业范围，不妨"先就业，后择业"，先稳定下来后，再一步步去闯荡，并不时根据现实情况改变策略。①

7.优柔寡断

职业的选择往往也是对机遇的一种把握，错过机遇，你将会与成功失之交臂。当断不断、患得患失，这山望着那山高，这也是导致许多毕业生陷入择业误区的一种心理障碍。

8.期望一步到位

大学毕业生期望自己的第一份工作能够达到理想状态，这就是希求一步到位的心理。大学生在进行职业选择的时候，由于社会阅历、年龄等限制，对于职业生涯的规律只知其一，不知其二，他们的挑剔缺乏客观依据，具有片面性。有的学生受到传统观念的影响，将第一次就业看得非常重，认为这将决定自己的一生，而没有意识到新的择业观正在进入人的头脑，每个人都有很多次重新选择职业的机会。面对竞争激烈的人才市场，大学毕业生在选择职业时，应把握好每一次应聘机会，树立客观合理的职业发展计划，只有这样才能不断地靠近自己设定的理想目标。

---

① 刘冬梅.新时期高校学生管理工作探索与创新 [M].济南：济南出版社，2008.

9.法律意识淡薄

有位大学毕业生在知名网站上发帖称,自己已经与一家企业签订了就业协议,协议中规定,他一旦毁约就要支付用人单位不菲的赔偿金。然而,在他向用人单位报道之前,另一家企业向他抛来了橄榄枝。后者是当地的知名企业,对于他而言,这家企业能给他带来不错的薪资待遇和更好的发展潜力,他很难抵抗住这份诱惑,于是想要毁约。然而,在这份帖子底下,很多网友劝他不要轻易毁约,这样做只会影响自己和学校的声誉,甚至影响他以后的就业。

这位发帖人的经历反映了一些大学生的心理状态,他们在找工作的时候抱着"骑驴找马"的心理,只要有用人单位向他抛来橄榄枝,他便与其签订就业协议,然后再继续接受其他单位的挑选,只要遇到更好的企业发出邀请,就想要单方面撕毁协议。实际上,就业协议书是具有法律效力的,随意单方私自解除协议而更换单位都是大学生法律意识淡薄的心理表现。

(二)大学生就业心理问题的原因分析

大学生就业心理问题的原因主要应该从客观和主观两大方面来进行分析。

1.客观因素

客观因素主要包括以下几方面(图8-1)。

(1)社会因素

来自社会各方面的期望和要求对大学生构成无形的心理压力。

第一,社会对大学生的要求越来越高,要求其既要有一定的理论基础知识,又要具备较强的实际操作能力,还要有团结协作、吃苦耐劳精神等。

第二,很多大学生为了档案户口等问题,不得不提前找工作,处于临近毕业的大学生,最后一年的主要精力往往不是学业而是考虑就业,根本顾不上学习,大家都忙着到处找工作,为今后的饭碗奔波,以致专业知识并不扎实。所有这一切,无形中都给大学生造成了极大的心理压力。

第三,目前的就业市场尚未规范,社会上涌现出一些不正之风。由于机制不健全、信息不灵、供需渠道不畅等缺陷,公平、公正、公开、择优录用的就业新机制尚未完全形成,也严重干扰了就业工作的顺利进行。

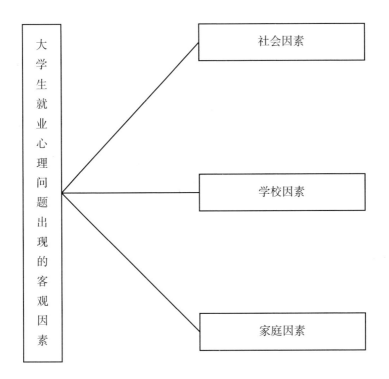

图 8-1　大学生就业心理问题出现的客观原因

（2）学校因素

目前,随着高校的不断扩招,大学生的数量急剧增多,这也给大学生的就业带来了一定的困难。另外,很多高校没有从一开始就对大学生进行就业及心理方面的教育,导致一些大学生在大学快毕业时才了解相关知识,有的甚至到毕业了还对这些不是很清楚,这也是导致大学生在就业过程中出现问题的重要原因。

（3）家庭因素

家庭是个体社会化的主要场所,家庭对个人各方面的影响都颇为深刻。家庭中父母的社会地位、社交能力,所持的价值观,对社会各种职业的评价认定以及他们的期望,父母与子女的关系,家庭环境和氛围,家庭教育等都影响着大学生的人生观、价值观、世界观,左右着他们的就业心理。此外,家庭的经济状况、社会关系和住所的地理位置,也会对大学生的择业和就业后的流动产生巨大影响。

2. 主观因素

主观因素又称内部因素,是由大学生自身内部的特质构成的。虽然外部客观因素对大学生的择业心理有着很大的影响,但归根结底还是由大学生自我认定。因此,大学生的主观因素是影响其就业心理问题的根本因素。概括来说,主要影响因素主要包括以下几方面(图8-2)。

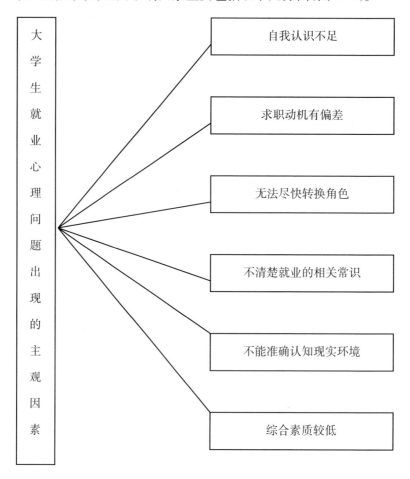

图8-2　大学生就业心理问题出现的主观因素

（1）自我认识不足

大学毕业生正值青年中期,自我意识和独立思维能力进一步增强,个体心理逐渐走向成熟。但是相当多的大学生缺乏必要的自我认知能力。他们在追求发展自我的过程中,一旦遭到挫折或没有达到自己的预期目标,往往不能正确地评价自己,产生不健康的心理,严重影响高校大学生的心理状态。

（2）求职动机有偏差

面对严峻的就业形势，如何做出正确的抉择，往往使自我认知不准确、缺乏社会经验的大学生们深感困惑，出现焦虑不安的情绪，求职中跟风从众，盲目攀比，遇到一两次失败就怨天尤人、灰心丧气，甚至产生极端情绪，这和求职动机有很大的关系。大学生在由学生向求职者的角色转换过程中，往往不能及时调整，求职动机便偏离企业实际需求，如偏重经济待遇、看重工作的稳定性、一定要选择与自己专业对口的职业、寻求"完美"的职业等，这些动机常常不能得到满足，使得部分高校毕业生产生郁闷、怨天尤人的心理问题。

（3）无法尽快转换角色

大学生往往把学校、家庭、亲友及同学所给予的关心、呵护、尊重当成是社会的最终认可，当面临由一个"天之骄子"的大学生向一个现实的社会求职者转变时，不能摆正自己的位置客观冷静地进入求职状态，就给自己带来了较大的心理影响。其实，从大学生走出校门那天起，其角色就发生了变化，即由学生角色转为职业角色。

（4）不清楚就业的相关常识

很多大学生能够对就业做出相应的准备，但是却缺乏相应的就业常识准备，比如缺乏对就业程序的了解。对就业政策的理解模糊，对具体办理就业手续的程序不清楚，对信息渠道来源不清楚等，是大学生求职初期的较大障碍。有的大学生初次就业表现为手足无措，缺乏自信心，更有甚者，对工作失去了应有的热情与上进心，都是对具体的就业程序不了解的体现。

（5）不能准确认知现实环境

现实环境对于大学生就业有着很大的影响，因此对现实环境的认知准确与否，是大学生就业成功的关键之一。有些专业的学生思想不切实际，讲究金钱第一、环境条件第一，结果出现了"高不成，低不就"的状况，从而错过许多良好的就业机会；有些学生不了解自己将从事的职业前景如何或者当代职业热点是什么，对于到底是适合管理岗位还是技术岗位没有准确的定位，等等。这些因素会使学生在选择职业时变得踟蹰不前，举棋不定。

（6）综合素质较低

大学阶段学习目标不明确，会使得大学生的学习态度不认真，对于自己的学习完全处在应付的状态，最终导致专业基础差，职业技能低，出去找工作自然没有底气。这是多数大学生共同面临的问题。

四、管理和指导学生就业的实践策略

（一）正确认识自我

1.正确认识自我的概念

自我的概念主要包括现实自我、投射自我和理想自我三个方面的内容（图8-3）。

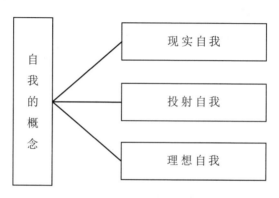

图8-3　自我的概念

（1）现实自我

现实自我又称个人自我，是个体从自己的立场出发对自我目前实际状况的看法与认识，包括对自己的躯体、行为、人格、角色特点的认识。

（2）投射自我

投射自我也称"镜中自我"，是个人想象中他人对自己的看法与评价。现实自我与投射自我间常有距离。当距离加大时，个体会感到他人不理解自己。

（3）理想自我

理想自我是个体从自己立场出发建构的将来要达到的理性标准，也是个人行为的动力和参考系数。大学毕业生在寻找工作的过程中，会受到理想自我的影响。

2.正确认识自我的特征

自我的特征，具体来说有以下几个（表8-1）。

表 8-1　自我的特征

自我的特征	具体内容
能动性	自我的能动性表现在个体在自我认识的同时,还能调控个体的行为与心理,按照自我定义不断完善自己
社会性	自我的社会性表现在自我要受到社会的制约。个体自我需要的实现只能在一定的社会经济结构中才有可能,任何人都不能脱离社会而单独存在
自觉性	自我的自觉性体现在个体对自己及自己与周围的关系有清醒的认识上,能使心理活动处于自觉的状态中

（二）树立自信心

自信是成功的源泉,只有自信,才有可能将潜在的实力发挥出来。大学生要想树立起自信心,可以从以下几个方面着手。

第一,要提高自己的能力水平,积蓄自信的资本,这是树立自信的最根本途径。对于大学生来说,只有搞好学业,发展特长,全面提高自己的综合素质,面对招聘者才可能信心十足。

第二,要多想想自己的优点、优势和特长,要相信自己的能力。认识到别人也不一定什么都好,自己也不是事事不如人。了解了这一点也就不会有畏惧感了。

综上所述,竞争意识的培养是大学生择业指导的重要组成部分,并关系着社会主义市场经济条件下人才素质的高低。大学生只有具有较强的竞争意识,才能更好地把握住大学的学习机会,努力锻炼自己,以便以后顺利通过选择,找到理想工作。

第二节　学生创业工作管理模式创新

一、大学生创业应具备的能力

（一）创业能力

能力是以人的先天条件为基础,经过后续获取的知识、技能、经验综合形成的。创业能力是在创业实践过程中直接体现出来的能够顺利实现创业目标的特殊能力。创业能力是一种高层次的综合职业能力。

创业能力与整个创业过程密切相关,创业能力体现在创业过程中,如获取资源的能力。资源条件是创业能力的重要构成部分,但企业资源又是有限的,必须要合理计划和利用好有限资源,才能实现成功创业。很多创业者认为,只有所有的资源条件都具备了才能创业成功,这种想法显然是不对的。在创业初期,很多创业者都会缺少一些资源,如果等所有的资源条件都到位再进行创业实践的话,很多商机可能就已经流失了。所以,创业者要善于整合并利用资源,只有这样才能创业成功。又如,创新创造能力。创新是知识经济的主旋律,是创业者化解外界风险和获取竞争优势的有效途径。企业只有不断地创新,不断研发新产品,不断为客户提供优质的人性化服务,才能确保企业的可持续发展,才能确保企业立于不败之地。创业者必须有创新能力,才能确保企业的不断发展。[①]

（二）提高创业能力的方法

1. 大学生应勤于实践

只有实践才能使大学生锻炼成长,只有实践才能使大学生获得成功。勇于实践首先要求大学生应当立志,没有远大和崇高的志向,大学生就会失去前进的动力。在校大学生可以利用课余时间进行尝试性的创业实践活动,也可以投入小资本进行经营活动,还可以参加创业实践模拟,更可以利用实习机会进行创业实践训练。勇于实践要求大学生必须具有胆识,敢于做梦,是"胆";梦做得如何,是"识",是识别力。综合来讲是要善于抓准方向,并沿着正确方向无畏地前进,不屈不挠,努力创新。看准了的新事情就要干,机会转眼即逝,不干就会追悔莫及。

2. 政府加大资金投入

政府可以通过创立创业资金和创业贷款的方式加大对大学生创业资金的投入力度。

（1）创业资金

第一,对于符合一定条件的大学生创业项目提供无偿资助。

第二,用于大学生创业项目的小额贷款担保。

第三,大力支持大学生创业计划,鼓励其中优秀项目市场化。

---

①　沈佳,许晓静.基于多视角下的高校学生管理工作探究[M].北京:现代出版社,2022.

（2）创业贷款

政府在为大学生提供贷款时,应该简化手续,提高办事效率,尽量缩短大学生取得创业资金的时间等。

3. 完善创业融资政策,开拓创业融资政策新渠道

对于大学生来说,融资难是制约其创业与否以及成功与否的重要因素,因此,政府应该不断完善创业融资政策,努力开创融资渠道,为大学生的创业提供强有力的支持,概括来说,政府方面可以从以下几方面来努力。

第一,借鉴他国的一些比较成功的经验,通过综合高校、政府以及社会各界的力量为大学生创业提供良好的融资渠道。

第二,可以根据实际情况进一步提高中小企业资金的信贷额度。

二、影响大学生创业的因素

概括来说,影响大学毕业生创业的因素主要包括以下几方面。

（一）学校因素

近年来,各高校已经注意到学校教育对大学毕业生创业的影响,并推出了有针对性的措施和各种教学、训练活动,这对大学生创业起到了直接的推动作用。另外,学校的教学活动,尤其是以创新为主题的教育教学改革也在潜移默化中起到了积极作用。

（二）家庭因素

第一,家庭因素会对大学生的创业选择带来一定的影响,如果家庭条件好,大学生就有可能得到较多的资金和其他方面的支持,创业的欲望和动机也会比较强烈,而如果大学生的家庭条件不好,则大学生可能会考虑是否应该先就业为家庭解决一些负担,而如果选择创业,这些大学生得到来自家庭方面的支持会比较少,大学生可能会承受更多的压力。

第二,父母的价值观对大学生的创业也会造成一定的影响,如果父母能够以平常心来看待子女的创业,对孩子的创业选择能够给予鼓励和支持,那么大学生可能会以积极的心态去处理在创业过程中遇到的各种困难和问题,创业也比较容易取得成功;而如果父母总是担心子女在创业过程中遭遇失败,对于创业的子女常常耳提面命,那么他们的子女在创业过

程中可能会蹑手蹑脚,怕这怕那,遇到挫折时也不能够以积极的心态去面对,那么他们很难会取得创业的成功。

（三）社会因素

社会因素对大学生创业的影响主要体现在两个方面。

第一,政府出台的与大学生创业相关的各种优惠政策、法律保护措施以及风险投资机构提供的各项支持。

第二,大学生创业的社会舆论影响。年轻的大学毕业生从众心理较强,在行动之前往往会参考周围同学朋友对创业持有的观念,尤其愿意听取已经有创业成功或失败经历的大学生对创业的看法,然后再决定自己的行动。

三、高校学生创业管理工作机制创新分析

大学生创新创业虽然是一个经久不衰的话题,然而想要真正实现还是困难重重。在大学生进行创业之前,需要很多的铺垫工作,如果这些工作能够落实,那么才能对大学生创新创业有所助益。对于大学生创业而言,首先高校需要对创业教育模式、体系进行完善,进而构建创新创业人才培养模式的课程与实践体系,更新创新创业教育的模式与方式,并建设创新创业人才培养模式的评价体系。

（一）完善我国高校创业教育模式与体系

高校开展了形式多样、内容丰富的创业教育,大力扶持那些掌握创新知识的大学生进行创业。

1. 提升大学生对创新创业认识的战略高度

提升大学生对创新创业认识的战略高度,作为学业规划、职业规划的关键。鼓励和引导大学生将创业精神培养、创业技能学习提升到为社会创造物质财富、精神财富和实现自我价值的高度,大学生要主动加强创新创业意识的培养。创新创业教育不是针对有创业想法学生的教育,不是对少数人的教育。创新创业教育是培养符合时代要求的,具有较高综合素质和能力人才的助推器。在教学过程中,创新创业教育以某一门课程的形式出现,但是创业教育的思想已经渗透贯穿到高等教育的全过程中,作为大学生要顺应时代发展的要求,主动积极参与创新创业教育。

2. 激发和利用社会资源

激发和利用社会资源,为大学生创新创业提供服务保障,培养一支专业化的教师队伍。优秀的师资队伍是培养大学生创业精神品质的前提,优秀的导师是创新创业人才培养的重要保障。在创新创业教师队伍建设过程中,要善于开发挖掘社会资源,聘请已经成功的企业家或创业者来担任大学生创新创业实践导师,这样可以让大学生更直接地学习到创业者的经验,也可以直接利用和借助实践导师自身的资源帮助大学生顺利开展创新创业活动。社会资源具有较好的灵活性和追求经济性的特点,可以更好地保证创新创业教育的有效实施,把大学生培养成勇于探索创新、能够创新创业的复合型人才。[1]

3. 搭建实践活动平台

搭建实践活动平台,提升大学生创新创业实践动手能力。创新创业能力包括创新创业基本技能、专业知识技术、经营管理能力、社会实践能力等,其中实践是关键。只有把教育教学过程中学到的理论知识通过形式多样的、具体的课外活动,尤其是通过反复的社会实践活动加以体会感受,才能使学生形成感性的认识,真正提高创新创业能力。

高等学校应在学生自身特点基础上,积极搭建符合实际的实践活动平台,增加实验和实践时间,培养学生发现问题、分析问题和自己动手解决问题的能力。一方面学校要积极创建创新创业实践基地,为学生提供创新创业实践的机会。更重要的是,大学生要积极、热情地参与到创新创业活动中,甚至可以直接去新创企业学习和体会,直面市场的检验。

(二)构建创新创业人才培养模式课程与实践体系

创新创业教育是高校人才培养模式的探索,是高等教育主动响应时代呼唤的应对。通过新建大学生创新创业实践基地、开设众创空间、举办创新创业大赛、搭建各种实践平台,创新创业教育改革取得显著成效。

一是实现了就业从业教育到创新创业教育观念认识的转变,目前形成了以创新引领创业、以创业带动就业的运行模式,极大地提升了大学生就业创业的质量。

二是实现了高等人才培养机制的转变,打破了学科限制、专业限制、

---

① 宋丽萍.新媒体环境下高校学生教育管理工作创新研究[M].长春:吉林大学出版社,2020.

学校限制,努力实现多学科交叉融合、跨学科教育学习、校内外协同合作的合作育人模式。

（三）更新创新创业教育的模式与方法

1. 建立高校—企业协同培养模式

开展校企合作,是创业教育的必要模式。高校要与企业密切合作,共建创新创业支持平台,共建创新创业基金。

（1）鼓励学生走进企业,增加大学生参与企业运行的实践机会,了解企业的运作模式和流程,亲身感受企业经营管理。大学生要从企业独特经营理念、运行制度规范、企业价值文化、服务理念等方面有更多真实的体验。

（2）鼓励教师走进企业,把创业教育与创业实践活动结合起来,利用校企合作的便利,共同进行创新创业教育师资培养,提高教师队伍的整体水平。

2. 多方联动,在全社会营造创新创业氛围

（1）中央政府出台鼓励政策,地方政府建立相应的激励落实政策制度,成立形式多样的创新创业社团和创客空间。

（2）政府和学校要建立专门的大学生创新创业实践"创业园",在资金和政策上予以扶持。

（3）举办各类创新创业大赛,推动优秀项目落地实施,激发和调动学生创新创业热情,让创新创业的理念植入思想深处,让思想的力量发挥更大的作用。

3. 实现资源整合,推动双创高效发展

创新创业教育处于松散状态,本就不充裕的资源没有得到有效整合利用。高校应加强合作与互动,形成高效的创新创业教育系统。

（1）高校之间应整合利用学科资源、创客空间和政策资源,在主管部门协调领导下,加强合作沟通与交流,构建覆盖所有学生、涉及整个大学期间的创业教育体系。

（2）线上强调"走出去和引进来"的战略思路,同知名企业展开交流,引入更多企业资源。

（3）线下融入先进管理知识和理念,在教学内容设计与开发过程中及时迭代更新。

（4）根据学生不同的创业意愿与倾向,进行个性化教育,避免"平铺直叙式"教学方法,保证学生的学习兴趣,不断提升创业课程的针对性和有效性。

创新创业教育是一个系统的工程,需要政府、学校、企业、学生个人等多方努力,共同搭建平台,努力营造创新创业教育和实践环境,为大学生提供丰富多样的创业实践机会。这既对于大学生综合素质与能力的提升有巨大帮助,也会为中国经济发展做出相应贡献。

第九章 高校学生工作信息化管理与评估模式创新

随着时代的发展，我们已经进入信息化社会，信息技术已经渗透到人们生活的方方面面，高校教育自然也不例外。在高校学生工作管理过程中，人们开始利用信息技术进行管理与评估，从而极大地提高了工作效率。本章重点研究高校学生工作信息化管理与评估创新模式。

第一节　学生工作信息化管理模式创新

一、学生工作的信息化

（一）学生工作的流程再造

1. 梳理学生工作的流程

要实现学生工作的信息化，首先很重要的一环就是对现有学生工作的多个项目进行有效的梳理，逐步使各项工作程序化、标准化、科学化。下面列出了从学生角度看到的国家助学贷款的申请流程（如图9-1）。

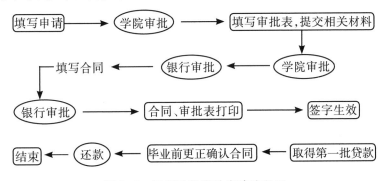

图9-1　国家助学贷款申请流程图

2. 学生工作的流程再造

传统的学生工作流程是基于手工审批方式，工作手续繁杂，填写的内容多且易出错，重复工作多且周期长，多方面所耗人力物力大。要实现学生工作的信息化，就必须建立基于网络的工作方式，使学生工作更为规范、迅速和合理。以国家助学贷款为例，对流程进行了再造，如图9-2所示。

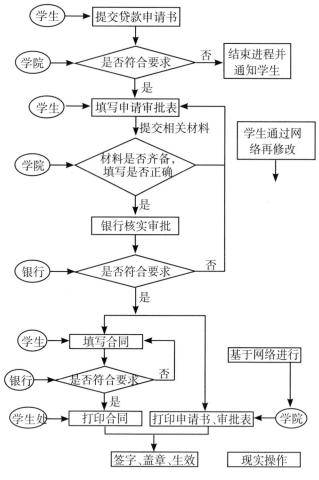

图 9-2　申请审批流程图

3. 学生工作数据的规范化

传统方式效率低下的一个重要原因就在于手工填写对数据的规范的控制难度很大,因而审核的工作量巨大。学生工作规范化通过设立有效的数据检验、数据类型检验、数据含义检验、数据格式检验来规范数据,实现学生工作数据的规范化。

(二)学生工作的方法再造

1. 重视学生工作信息化基础建设

至今,仍有许多学生工作部门没有配备相应数量的电脑,为数不多的学生工作电脑也未能与其他电脑联网。针对上述情况,建议上级部门加大对学生工作经费的投入,配备必要的设备。在此基础上,有针对性地引进或自行开发学生工作的应用软件,使之能应用到实际工作中。

2. 建立学生工作管理信息系统

要实现学生工作信息化,很重要的一条就是要收集、整理学生工作的各种数据,按照统一的标准,对学生工作中的各种数据进行采集、分类、加工,构建学生工作管理信息系统,使学生工作的信息化落到实处。

在领导的重视下,首先成立由有关专家,如学生工作专家、计划专家、系统分析专家、运筹专家、计算机专家等组成的专家组。其次,对学生工作管理信息系统的开发进行系统规划,主要包括:确立信息系统的目标、确立信息系统的主要结构、确立工程项目的可行性研究等。再次,着手对系统的分析,主要包括数据的收集、数据的分析、确立系统数据流程图以及系统设计方案;然后,着手系统设计,主要确立计算机系统流程图和程序流程图,设计好编码、文件、程序以及输入输出方式;接下来,着手机器的购买、安装、程序调试、系统的切换以及系统的运行和维护等,达到系统的实现。最后,着手对建成时系统的评价和运行后的评价。

二、学生工作管理信息系统的设计

我们可以基于学生工作管理信息系统的概念和开发设计过程去理解和把握学生工作管理信息系统。

（一）学生工作管理信息系统开发设计过程

学生工作管理信息系统开发设计的一般过程分为五个阶段:①需求分析;②系统设计;③程序设计;④调试;⑤试用运行。前四个阶段为开发期过程,后一个阶段是试用及改进运行期阶段。各阶段基本任务及工作结果为:

1. 需求分析

对学生工作的需求进行认真分析,首先应明确学生工作的业务范围,了解学生工作在没有计算机管理时工作的难点在哪里,进行电脑管理后要帮助学生管理做些什么,双方共同磋商分析。这一步工作的结果应产生研制信息管理系统的任务说明书,这一步工作愈细致,以后的设计工作就愈明确,它是设计过程的依据和基础。[①]

2. 系统设计

系统设计是在前段工作基础上设计信息管理系统的基本结构,即数据库系统、功能模块结构等。设计工作逐步细化,其过程分为软件系统结构设计、详细设计及各功能、模块设计。这一步工作结果产生模块功能说明、数据库结构说明等。如前所述,通常信息管理系统的构成如同是一棵倒栽树,树根为系统的主控模块,树权为各功能模块。

3. 程序设计

程序设计是按模块说明,利用数据库管理语言,根据程序流程图编写程序。这一阶段的工作往往是几个人同时作业,所以应注意文件名、屏幕设计、输出 / 输入格式设计的统一约定,同时注意程序格式的规范等。

4. 调试

编写程序的过程也是各模块初步调试的过程,对于可能产生的错误,如数据冗余、不一致、重命名、衔接错误等进行联合调试解决。此时最好有用户参加操作,用实际工作中可能出现的各种情况来测试系统功能,尽量暴露可能考虑不周的问题,便于修改完善系统,最后得到一个经过验收能试运行的管理系统。

5. 试用运行

经过调试验收,还可能有差错,用在经济信息管理系统中的软件更要求准确无误,需要试用期,这时通常与人工管理操作同时进行,以检验信息系统的正确性、安全性、可靠性及实用性,进一步修改完善系统,正式上岗运行。

上述五个阶段是学生工作管理信息系统能够工程化的设计过程,可以看出需要各方面因素配合才能成功。

(二)学生工作管理信息系统的个案分析

以下以"中山大学学生工作管理信息系统"为例进行分析。

中山大学学生处是中山大学本、专科生管理的职能部门,因其需要管理的信息量大,且涉及的部门较多,以前靠手工输入处理资料的工作方式

---

① 漆小萍.学生工作的设计与评估[M].广州:中山大学出版社,2003.

不但工作效率低,而且经常产生错误,已经远远不能满足现有工作需求。

中山大学学生工作管理信息系统的总体目标是:以现代高校学生工作理论为指导,以校园网络为基础,以数据库技术及通信技术为手段,以协同工作为主线,以信息流为主体,以提高管理效率为指导思想,建立一个可靠的、高宽带的、覆盖中山大学各院系学生工作部门的实用性管理信息系统。实现信息处理的网络化,以实现各部门的协同工作,实现与Internet互联,为学生、教师、管理人员乃至全社会提供全面的信息服务。

1. 用户组织结构

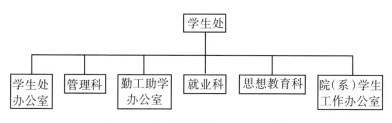

图 9-3　中山大学学生处组织结构

2. 系统范围及总体功能

整个系统的覆盖范围涉及学生处所辖的上述六个(类)职能部门,其中管理科、勤工助学办公室、就业科的内容是整个系统实现与实施的重点。

图 9-4 是中山大学学生工作管理信息系统的总体业务示意图,该数据流图表达了系统的总体逻辑架构以及系统与外界的数据交互(图中略去了对交互数据的具体描述)。

3. 系统总体数据模型

图 9-5 给出了经过分析整理后的整个系统的数据模型(E-R)图。

学生的各种数据信息是整个系统运作的基础,其中"学生基本资料"主要包括一些基本固定的信息,如学号、姓名、出生日期等基本信息,学生在校期间的其他数据则是不断变动的。

4. 设计和实现上的限制

系统的部分功能在 Internet 上以网页的形式实现,如思想教育科的大部分工作,学生处的各种规章制度及办事流程,各科室需要向公众或学生公布的数据,等等。系统采用原国家教委规定的代码标准来规范系统内的数据,以便生成符合其基本要求的电子数据资料。

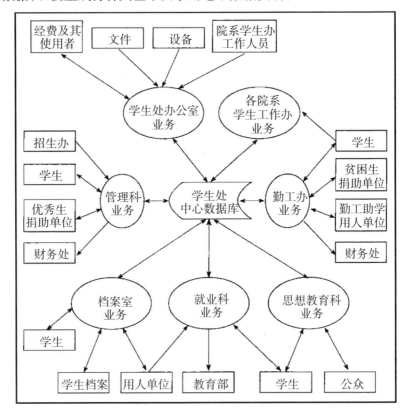

图 9-4　中山大学学生工作管理信息系统的总体业务示意图

5.用户界面需求

整个系统主要分为两种技术实现方式:C/S(传统的 Windows 应用程序)、B/S(网页形式),对两部分的用户界面的需求是:

C/S 部分:功能划分(使用菜单)清楚,界面布局合理、清晰、统一,操作方便,各种用户提示信息完备。

B/S 部分:网站结构合理、清晰,页面色彩搭配协调、风格统一,给人以朴实、严谨、客观、公正、平和的感觉。

6.实施环境

(1)系统运行的网络环境:系统网络环境为学生处局域网、校园网、广域网(Internet)。从网络安全和速度因素考虑,管理、维护系统将限于校园网内。维护系统主要工作在学生处局域网内。

（2）系统运行的设备环境：依据设计方案，系统数据库服务将和 WEB 服务不在一台机器上运行。数据库机器性能要求的依据是学生档案的数据量，按 10 年以上数据存储要求，目前如采用 Intel 架构的服务器，其服务器要求一般不低于 2 个 CPU 和 512M 以上内存。作为 WEB 服务的服务器，由于将来可以采用集群服务，其性能指标要求不高。

客户端机器，要求能较好地运行 Win98+IE5 系统运行的软件环境：系统运行于微软 Winnt4.0 或以上版本，数据库采用 MSSQL7.0 或以上版本。

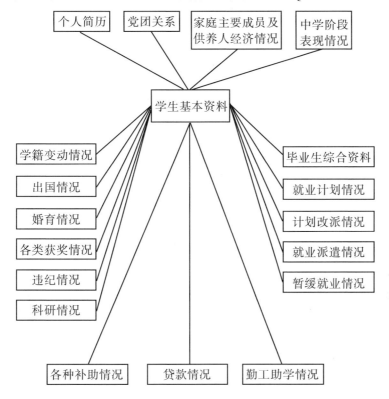

图 9-5　中山大学学生工作管理信息系统的总体数据模型示意图（E-R 图）

第二节　学生工作管理评估模式创新

一、学生工作评估的含义

评估即评定价值。评估（Evaluation）这一概念的应用范围很广，不仅用于教育领域,而且用于其他行业。例如,在瓷器上,凡加盖"○"形印记的为一等品,加盖"□"形印记的为二等品,加盖"△"形印记的为三等品,标有"次品"二字的大都是不合格的产品;在布匹上,标签印有红字的为一等品,印有绿字的为二等品,印有蓝字的为三等品,印有黑字的为等外品。上述这些物品等级的标志都是按照一定的指标进行评估的结果记录。

评估,既然是指衡量人物或事物的价值,那么它就存在于社会生活的各个方面。也就是说,在日常生活中,评估也是一个经常遇到的问题。例如,在处理人际关系方面,人们往往会进行某种评估目光或评估行为的交换,通过这样的相互作用来确定自己的位置。尽管它不是什么有组织的评估活动,却可以看作是评估行为的表现。①

所谓学生工作的评估,是指按照一定的价值标准,依照一定的程序,对学生工作所产生的各种效果进行的价值判断。

二、学生工作评估的基本原则

(一)实用性原则

学生工作评估还必须从目前学生工作的实际出发,选择能促进学生工作发展的评价因素,尤其要选择目前学生工作中最基本的评价因素,使评价结果能直接应用于学生工作的实践中。例如湖南大学在对院系的学生工作评估中,着重考核的要素有工作态度、队伍建设、党建工作、思想教育及心理健康教育;困难学生资助工作、日常管理、学风建设、素质教育与科技创新、校园文化建设、社会实践、团的自身建设、新生军训工作、国防教育工作、招生工作、毕业生就业工作等。

(二)标准化原则

标准化是现代化科学管理的重要手段,也是保证评估客观的重要保证。在评估的过程中,坚持标准化原则,就是要克服主观随意性,现实的一些评估活动往往渗透着非标准化的色彩,这不仅表现在评估过程中,而且表现在对评估结果的利用上。造成这种主观性的一个重要原因,就是评估主体的评估观点和评估标准的不同。往往有这种情况:评估主体对某方面特别重视,就给予较高的评估;不重视,就给予较低的评估,由此所产生的个人差异是很大的。造成这种主观性的另一个原因,就是人们认

---

① 童文胜.高校学生事务管理工作典型案例评析[M].武汉:华中科技大学出版社,2017.

识和判断的局限性,也就是说,即使评估标准是统一的,也难免带有主观的评估色彩,在日常评估活动中,就有类似情况发生。如果某一个单位在某一方面工作成绩突出或较差,就对此单位做出比实际更好或更差的评估;如果有一个单位的学生工作中的某一项好或差,评估时甚至连其他方面也被认为好或差,这样的评估往往被个人感情所左右。

（三）优化性原则

要实现优化原则,必须围绕评估的针对性和有效性,重点抓好评估的层次性、互动性和主体性。评估的层次性是指评估要分阶段进行,对不同对象采用不同的评估方法,设计评估指标要有渐进性,分一级、二级、三级等,对学生工作评估的内容也要分层次、依次推进。评估的互动性是指从学生工作系统的整体效果出发,着力形成学生工作系统的各要素内部之间、各要素相互之间及学生工作系统与社会环境之间的互动关系,以期达到学生工作评估的优化。其互动关系有:学生工作者与学生的互动,学生工作者之间的互动,学生间的互动,学生工作者、学生、评估者之间的互动,学生工作与非学生工作的互动。评估的主体性,就是要发挥学生、学生工作者以及评估者等方面的积极性、自觉性、创造性、自主性,使外在评估变为内在评估,让别人要我评变为我自身要求评,使评估产生最大的效果。

第十章　高校学生素质拓展与社会实践工作管理模式创新

　　随着时代与社会的发展，企业对人才能力的要求也越来越高，大学生不仅需要充分掌握自己所学的专业知识，而且还需要提升其他方面的能力，如社会实践能力等，学历虽然是入职的敲门砖，但是真正入职以后在工作上考验的往往是大学生的实践能力。本章重点研究高校学生素质拓展与社会实践工作管理创新模式的相关内容。

第一节 学生素质拓展工作管理模式创新

一、大学生素质拓展计划的意义

大学生素质拓展计划为高校共青团工作提供了一个很好的载体。这项工作可以覆盖到每一个大学生,从而使团的工作手臂和影响力能够够到每个学生。计划充分考虑了大学生的现实需要,找准了服务方向,因此,通过这个载体,可以大大增强高校共青团工作的吸引力、凝聚力和影响力。

大学生素质拓展计划促进了大学生素质教育的整体推进。大学生素质拓展通过"六大模块"和"四个环节"的设计,构建起高校开展素质教育的基本框架,使原先的思想政治教育、社会实践、校园文化建设、第二课堂活动等都成为这个系统中的有机组成部分,进而深化整合教学主渠道外有助于学生提高综合素质的各种活动和工作项目,使高校团组织所开展的大学生素质教育形成内容上的整体推进。

大学生素质拓展计划的各个方面、各个环节,相互之间能够互相配合,同时所有这些内容都紧紧围绕提高大学生综合素质这个中心,进行有效的融合衔接、相互渗透,从而提高各种活动和工作项目的育人效果。另外,通过大学生素质拓展计划能够更好地实现大学生、高校和社会的多方互动,调动起更多的资源投入大学生素质教育。

大学生素质拓展计划使高校团的工作进一步活跃。大学生素质拓展计划是高校共青团参与素质教育实践的经验总结,是在原有实践基础上的提高。"大学生素质拓展计划"是在已有实践基础之上,充分总结经验,经过大量调查研究,反复论证形成的,这一计划能够克服原有活动和工作项目上的许多不足之处。

大学生素质拓展计划将建立客观记录学生素质发展变化情况的青年学生人力资源能力评价体系,重点实施《大学生素质拓展证书》,量化评价指标。通过对大学生的素质教育进行全程记录和量化评价,一方面使素质教育具有了明确的可考查性,另一方面加强各项活动之间的横向结合和纵向联系,增强了素质教育的连贯性。

大学生素质拓展计划争取社会各界对大学生素质拓展的政策支持,

推动社会对大学生素质拓展及其评价体系的认同,以适当方式吸纳社会力量参与计划的实施。《大学生素质拓展证书》将向社会提供毕业生综合素质状况的权威认证,帮助用人单位更全面地了解学生。社会可以通过《大学生素质拓展证书》直观地认识大学生素质,大学毕业生可以持《大学生素质拓展证书》就业。[1]

大学生素质拓展计划把大学生的素质锻炼与就业创业有机联系起来,抓住了大学生所迫切关心的问题,能充分调动青年学生的积极性,从而提高大学生对素质拓展活动的认可度与参与活动的自觉性。

二、大学生素质拓展计划的组织与实施

(一)大学生职业设计导航系统

大学生职业设计导航是素质拓展的第一步,也是贯穿素质拓展全程的重要内容,对学生的人生发展具有重要意义。职业设计是一项系统性、动态性极强的工作,既需要高屋建瓴的指导,也需要细致的帮助。我们可以把职业设计导航系统分为两部分:职业设计分析体系和导师指导体系。

1.职业设计分析体系

职业设计分析,是指为学生提供职业选择和人生设计的基本知识和指导。基本内容包括:个人素质分析、职业竞争分析、人才需求分析、职业规划指导等。这些内容与网络平台挂钩,使学生最大限度地了解职业设计的基本知识和自身的素质现状。

2.导师指导系统

导师指导系统对于学生的职业设计具有重要意义,可以对学生的职业设计提供动态、有针对性的指导。从导师的聘请到具体的实施要力求点面结合,做到个别辅导与广泛指导相结合,要以职业导航导师为核心,以学生为主体,以共青团组织为媒介,在学生与导师之间建立良好的沟通和职业导航系统。

(1)分层次、多渠道的导师聘请原则。职业导航导师应当通过自身的人格魅力、人生经验、对学生的爱心和关怀以及对社会的了解和洞察,给学生的成长成才以及人生的发展以良好的指导。帮助他们认识自己,解

---

① 段长远,赵国锋等.高校学生事务管理工作研究[M].银川:宁夏人民出版社,2008.

读人生,找到生活的方向,确立前进的目标,从而在四年的大学生活中有的放矢地训练素质,提高能力。所以,导师的选择和聘请是素质拓展的关键环节之一。在导师的聘请上遵循分层次和多渠道的原则。

分层次的原则:我们培养的学生将来是社会主义事业的建设者和接班人,他们当中有科学家、企业家、政治家,也有普通的建设者,但是他们都应当具有鲜明的个性、创造力和在本职岗位踏实工作的精神。同时从学生的角度来看,他们不仅对自己的成长成才有着不同的定义和希望,而且个人的天赋和个性也大不相同。有的希望成名成家,有的只希望在自己热爱的事业中默默工作。所以,聘请的导师应当包括不同层次、不同经历的人,不能仅局限于"成功人士"。

多渠道的原则:现在的就业市场早已打破了专业界限,社会需要综合能力较强的人才,培养学生既要突出个性又要兼顾综合素质。所以,应当从各行各业、不同领域聘请导师。可使学生从不同角度了解人生、了解生活,在吸收各种营养的前提下确定自身的成长道路。

(2)导师团制度。遵循分层次、多渠道聘请导师的原则,从社会各界聘请跨行业、跨地域的导师(跨地域导师主要通过网络与学生交流),组成不同类别的导师团,便于师生之间的沟通。所谓导师团制度是根据导师的特点和开展工作的切入点,建立不同类别的导师团。一般来讲可以分为八个类别:科学研究型、领导管理型、革命传统型、自主创业型、行业尖兵型、志愿服务型、专业特长型、专职辅导型。聘请的导师根据自身特点,进入相应的导师团。通过网络平台向学生公布各导师团成员,公开导师信箱,建立相应的导师聘请、工作和管理制度。

(3)导师"四进"体系。素质拓展计划的"全员性、全程性、导向性、系统性"决定了职业导航必须使每一位学生受益,并且在大学四年当中及时对他们进行指导和帮助。但是我们聘请的导师如果一对一地对每一个学生进行辅导和帮助,不仅在数量上难以实现,而且在培养学生的综合素质上也收效甚微。所以,在职业导航当中必须建立良好的导师指导体系,以保证在聘请一定数量导师的前提下,使每一位学生受益。

支部和社团是学生学习、生活的主要"单位",网络是学生生活中不可或缺的部分,这些也是职业导航导师体系建立的切入点。所谓导师"四进"体系是指:导师进支部、进社团、进网络、进生活。所谓进支部,是指导师有针对性地进入一些支部对支部生活进行指导;进社团,是聘请在某一方面具有特长的导师进入学生社团对学生的社团活动和相应的特长进行指导;进网络,是指导师要在相应的值班时间在网上与同学交流,指导学生的职业设计和素质训练的调整;进生活,是导师对学生的具体生活和学习进行一对一的指导和培养,主要针对较为特殊的学生和群体,比如特别优秀的学生或存在困惑和问题的学生。这四个层次保证了学生可以从不同渠道与导师进行交流、沟通,既保证了点又保证了面。

（二）大学生素质训练体系

1. 资源管理系统

（1）素质拓展基地管理系统。拓展素质需要良好的环境,虽然学校已经具备了教育环境和相应的素质训练场所,但是作为一项系统工程的大学生素质拓展计划,需要在现有的素质教育基础上对整体环境和氛围进行深入研究和科学规划。在素质拓展的环境构建上以基地建设为切入点,在校内外建立、巩固一系列素质拓展基地以典型基地的建设和示范作用,带动校园素质拓展环境的构建。

①基地选择原则。基地的选择和建设至关重要,直接关系到素质拓展的质量和效果。在基地的选择上要注重把握特色,强调氛围和校内外兼顾两个原则。

所谓注重把握特色,强调氛围是指基地要具有鲜明的特色,基地人文环境和硬件条件要具有良好的氛围。没有鲜明的特色就无法吸引学生,要让学生可以根据自己的爱好和需要选择富有特色的素质训练基地,从而有的放矢地进行训练。同时,素质拓展基地必须具有良好的素质训练环境,学生通过在基地的训练可以提高自身在某一方面的修养和能力。这一环境应当包含硬件环境、人文环境、优秀的指导教师三个方面因素。这三个因素直接影响基地的素质训练氛围,是我们选择基地的重要原则。

校内外兼顾是指在基地建设上,要坚持校内基地与校外基地兼顾的原则。校内基地有地理优势,便于学生参加,而且与学生的学习生活结合紧密;校外基地往往在思想教育意义与实践性上占有优势,可以为学生提供丰富的素质训练内容,使他们开阔视野,锻炼能力。因而,在基地的建设上要注重校内外基地的共同建设与发展,尤其注重校外基地的巩固和规范。

②基地类别划分。为了给学生的素质拓展以良好的指导,需要对素质拓展基地进行分类和规划。根据学生成长成才的需要,可以把基地划分为七大类:思想教育基地、科技训练基地、文化素质基地、艺术教育基地、职业导航基地、社会实践基地、心理辅导基地。这样划分类别便于基地的管理和学生有选择地参加训练。

③基地建设。大学生素质拓展计划是一项系统工程,基地的建设也要走系统工程的思路,遵循长期化、规范化、网络化原则,使素质训练基地成为学生拓展素质,提高能力的重要阵地。在基地的建设上要巩固现有的素质教育基地,总结以往建设经验,使这些基地成为素质拓展的重要阵地。

为了进一步促进基地建设,要重视基地的规范化管理。每个基地聘请专门的指导教师,可以是学校老师,也可以是基地的工作人员。确立联系人制度,建立基地档案,有专人对每次活动进行记录,如果长期参加某基地素质训练的学生,获得奖学金或其他奖励,要在基地的资料中记入获奖学生名单,并在相应的网络专栏中进行展示,以增加基地的吸引力和知名度。

基地建设的目的是为学生提供良好的素质训练场所。为了更好地实现这一目标,可以充分利用网络平台,在素拓网站上开辟素质拓展基地专栏,将所有基地的基本情况、基地指导教师姓名、联系人姓名、基地开展的特色活动、基地培养的学生所获得的奖励,刊登在网上供学生查询。这样学生在参加活动之前可以详细地了解每个基地的情况,从而选择自己感兴趣的基地参加训练。

④基地活动管理。学生参加基地活动提高素质锻炼能力,是素质拓展基地建设的最终目的。根据学生的拓展素质的需要,可以采用自主式、互动式、动态式的管理方式。

学生参加基地活动同样要根据自己的实际需要,选择适合的基地。所以我们在基地的活动管理上要采用自主式,即在网上公布各类基地的活动计划,由学生自己选择参加。

互动式是指学生参加基地的活动,不仅是受益者也是建设者。在活动中一方面培养学生的综合素质,另一方面服务社会创造价值,为基地的建设献计献策。

动态式是指在基地活动的开展中,除了对基地的管理和活动实现网络化外,数据库应记录学生报名参加各基地活动的统计数字,从而指导今后基地活动的开展,实现基地活动的动态调整。

(2)社团建设管理系统。大学生素质拓展计划为高校社团建设提供了方向指导,社团为丰富多彩与灵活多样的素质拓展计划的实施提供了很好的载体。学生社团是大学生素质拓展计划实施的重要资源之一,在大学生素质拓展计划的指导下进一步加强社团建设,规范社团管理,将有利于高校校园文化的繁荣与学生整体素质的提高;而社团建设的加强将有力地推进大学生素质拓展计划的实施与深化。

第二节　学生社会实践工作管理模式创新

一、社会实践的设计与策划

（一）规划准备个人实践

个人实践指的是在没有同伴帮助的情况下,学生单独参与社会实践的一种方式。

1. 个人实践的特点

（1）结合暑期返乡,实践开销较少。由于同学们来自五湖四海,在暑假大多数同学还是要回到家中与家人团聚。选择个人实践,可以在回家的同时,在家乡或者邻近地区开展实践活动。这样,无形中就减少了外出实践的成本。而且,在家乡实践,同学们对于环境相对熟悉,更利于获得相关社会资源,有利于进行实践。

（2）实践时间自由,活动形式灵活。对于个人实践,因为不涉及与其他同学协调,因此可以根据自身情况安排实践时间,实践活动的安排也可由自己决定,而且如有突发情况也易于调整。此外,由于个人实践对于实践单位正常工作秩序影响较小,相对于团队实践,更易于进行勤工俭学、挂职锻炼类的实践活动。但是,个人实践也存在实践范围相对较小、一人在外安全保障也相对较弱的缺点,而且个人实践的成果性往往相对较差,更多的是个人的体验和感受。

2. 个人实践规划应注意事项

（1）查阅储备实践知识,认真准备相关物品。进行个人实践的学生在实践过程中,所有决策都由自己决定,应通过查阅相关资料,了解实践主题的现状和发展趋势,努力使自己的社会实践活动立意高、方向准、影响大,使社会实践成果更有价值;应通过全面了解各种信息,认真准备相关物品,减少社会实践的困难,提高社会实践的效率。

（2）规划设计实践内容,加强自身安全保障。进行个人实践的学生在实践过程中,没有同学可以商量,没有老师可以指导,自己就是每件事情的决策者,因此更应该在实践前做好相应的规划设计,避免出现麻烦。例如,在设计实践内容上就应该努力避免以下问题:

一是对实践内容定位过高或者过低，出现过高无从下手，过低无须实践现象。

二是实践内容无逻辑性、不严密、混乱。

三是实践内容空洞，无相关数据佐证。

此外，自身安全更是实践过程中应该首要注意的问题。在实践前，要有自我保护的意识，确保自己已经掌握相关安全知识，购买了意外伤害保险，并且告知了家人和老师自己的实践活动安排等。

（二）精心筹备团队实践

1. 团队实践的特点

一是实践地域广阔。采取团队实践的方式，通常同学们可以到不同的地区了解不同的风土人情。

二是团队成果丰富。团队实践涉及面较广，可以发挥个人特长，集中集体智慧，相互配合完成较大量或者较为深入的工作，因此实践成果往往也较为丰富，具有一定价值。

三是增强合作能力。现在的大学生，很多都是独生子女，很少体验与人在多天中同吃同住，为着共同的目标一起努力地生活，团队实践，正是弥补这一缺憾，增进同学友谊，培养合作能力的有效途径。

除上述几点外，团队实践往往需要同学们投入更多的时间和精力，在筹划阶段需要大家不断地磋商，协调安排实践时间，分配各自的任务等。而且，团队实践往往开销较大，需要同学们提前进行准备。

2. 团队实践筹备注意事项

（1）科学组建实践团队。在社会实践前期，团队负责人对团队组建的规模、团队实践的内容、日程安排等都要有一个清晰的认识，并与所有团队成员达成共识，在共同努力下完成实践目标。应"据项组团，按需设人"，根据内容确定工作量、活动内容和性质，考虑一个实践课题需要多个专业知识人才来支撑，考虑队员的年级结构、专业搭配、男女比例、性格特点、个人特长等因素来确定团队成员组成。例如，团队规模的大小应该根据内容来确定，不是成员越多越好；各团队应该有人专门负责安全、财务、资料整理、团队宣传，明确分工，提高团队合作的效率；成员招募不要局限本班选拔,亦可考虑不同年级和不同专业同学等。[①]

（2）细心做好实践计划。进行团队社会实践考虑的因素比较多,不仅需要协调团队和实践单位,还需协调团队内部问题,比如时间、队员身体状况、天气情况等,所以做好团队实践计划,指导团队实践至关重要。在进行策划时应多向指导老师请教,向往年社会实践做得比较好的同学咨询,参考往年的实践案例等。

（三）认真编写实践方案

1. 内容

实践方案的内容应该包括前言、主题、目标、实践方式、参加人员、实践地点、实践时间、实践内容、可行性分析、日程安排和经费预算等。

前言主要叙述本次社会实践活动的意义和策划思路等。实践主题和目标既可以用陈述的语气,也可用简洁的口号表示,总之要体现出明确可行。参加人员主要列出参加社会实践活动的学生名单或按某种标准选择的学生成员。可行性分析包括活动需求和自身具备的条件等,应具体说明前期筹备情况和已经取得的实践资源,包括与实践单位的联系情况等。

2. 要求

一是活动策划书要求内容真实、详细,具有可行性。

二是实践经费预算要尽量考虑周全,列出计划中所有与实践相关的开销清单,如饮食、住宿、交通、宣传费用等,注意要写清详细的物品名称、单价、数量、总计金额。

三是提供的联系方式要求切实有效（手机、宿舍号码、电子邮箱等）。

二、社会实践的知识和方法

（一）社会调查资料采集方法

1. 文献法

文献法是通过书面材料、统计数据等文献对研究对象进行间接调查的一种非实地社会调查方法,目的是收集与研究被调查对象的大量信息

---

① 傅真放,邓军,吴佩杰等. 高等学校学生管理 [M]. 南宁：广西人民出版社,2007.

和数据。文献在社会调查研究中具有重要作用,通过对已有研究成果的梳理和剖析,可使我们全面了解相关研究领域的重点、难点和热点,在此基础上进行提炼、归纳并找出新的研究视角,确保研究的时代性、进步性和价值性。社会调查中的文献是指与研究对象有关的一切书面文字或其他形式材料,是由人们专门建立起来的、用来传递和储存信息的对象。其主要载体一般包括图书、报刊、档案、照片、录像、电影、录音、会议文献、各种文件、科技报告等。

（1）文献检索的基本要求。对于大多数研究课题来说,我们在检索文献的过程中,都会搜集到大量的相关文献资料,全面分析所有文献材料既不可能也无必要,因此,要选择那些与研究目的最具关联性的文献,做到重点突出、去粗取精。从大量的文献资料中全面迅速准确地获得自己研究课题所需文献的关键在于检索方法是否科学合理。在文献的取舍上要视具体情况而定,一般而言,文献检索的基本要求主要有以下几项。

首先,确定检索范围。研究者先要确立适当的检索范围,不可过大或过小,要选定那些最能反映研究对象表征的文献范围。

其次,注重全面性。搜集的文献资料要尽可能丰富一些,既有正面的也有反面的,既有纵向的也有横向的,既有中文的也有外文的,既全面又系统。

最后,要准确迅速。有些资料讲究时效性,如果未能在适当的时机进行检索,势必造成资料价值的下降。这就要求学生要学会利用各种类型的检索工具书,提高检索的速度和准确度。

（2）文献检索的主要步骤。从众多的文献中准确迅速查找出符合特定需要的文献,不仅是一个资料查找搜集的过程,也是一个分析和研究的过程。文献检索应遵循一定的程序和步骤。

第一步,准备阶段。分析研究课题,明确准备检索的课题要求与范围,确定课题检索标志,以确定所需文献的作者、文献类别、表达主题内容的关键词和所属类目,进而选定检索工具,确定检索途径。

第二步,搜索阶段。根据确立的关键词,搜索与研究和问题有关的文献,从中选择出重要的和具有一定使用价值的资料,并按照文章的内容、研究角度等进行分类,以便于把握研究的前沿性。在阅读文献的过程中,应运用分析批判的态度,对已用材料的真伪进行鉴别和判识。

第三步,加工阶段。要从搜集到的大量文献中摄取有用的文献资料,就必须对文献做一番去粗取精、去伪存真、由表及里的加工工作。在加工过程中应注意以下事项:尽量选取内容新颖、时代感较强的文献,去掉相互重复、较陈旧的、过时的资料;筛选资料时既要讲究全面性,又要注重其广度和质量；在资料数量和类型很多的情况下，应对这些资料进行分类编排，并编制目录索引。①

（3）文献检索的基本方法。文献检索方法是多种多样的，不同的方法有不同的特点和不同的适用范围，当然，每种方法也都有其局限性。为确保查找文献的全面性，要求学生学会使用多种检索方法。其中，比较常见的方法有顺查法、逆查法、引文查找法和抽查法。

顺查法是指按时间范围，以所检索课题研究的发生时间为起点，按事件发生、发展时序，由远及近，由旧到新的顺序查找。其优点在于由旧及新，追根溯源，检索到的文献比较系统全面，能反映研究事物发展的全貌。此法多用于范围较广泛、项目较复杂、所需文献较系统全面的新兴研究课题以及学术文献的普查。

逆查法（倒查法）与顺查法正好相反，逆查法是按由近及远，由新到旧的顺序查找。其优点在于灵活、节省时间、效率高。这种方法多用于新文献的搜集，新课题的研究，而这种课题大都需要最近一个时期的论文、专著，不太关注历史渊源和全面系统。

引文查找法又称跟踪法，该方法是利用现有文献资料后面所附的参考文献进行追溯查找的方法。一般多利用述评、综述或专著进行追踪查找。优点是文献涉及范围比较集中，能较快查到所需资料，有助于深入理解论文的背景和理论依据。缺点是查得的文献资料受原作者引用资料的局限性及主观随意性影响，资料往往比较杂乱，没有时代特点，而且漏检、误检的可能性较大。

抽查法是指针对学科或课题的研究特点，根据文献资料发表集中的年代或时期，抽出其中一段时间进行文献检索的方法。一般适合在熟悉该学科、课题发展特点的情况下使用。

2. 观察法

观察法即实地研究，是一种完全的典型的具有定性特征的研究方式。这种方法无论是其所具有的方法论背景、研究目标，还是其研究的策略、资料收集方法，以及资料分析方法等，都与定量研究方式有着较大的区别。作为社会研究最基本、最常用的方法之一，观察法可以扩大研究者的感性认识，在此基础上启发人的思维，创造出新的发现和成果。

（1）观察法的含义。观察法是指调查人员根据一定的研究目的、研究

---

① 姜鹏 . 新时期高校学生教育管理的思考与探索 中国传媒大学学生工作论文集 [M]. 北京：中国广播电视出版社，2008.

提纲或观察表,凭借个人的感觉器官或借助于一些观察仪器和观察技术,对处于自然条件下的客观事物进行系统感知观察的一种科学研究方法。该方法的优点在于通过直接观察可以获得真实、生动的资料,同时还具有及时性的特点,能捕捉到正在发生的现象。观察法和其他研究方法一样,也存在自身的局限性,比如受人自身的局限性,观察结果难免受到人的主观意识的影响;受时间的限制,某些现象或事件的发生是有一定时间限制的,如果未能及时观察,就不会再有机会看到这类事件的发生;观察者只能观察事物的外表现象,不能直接观察到事物的本质特征。

（2）观察法的分类。根据不同的角度和情况,观察法可分为不同的类型。其中主要的分类为:按观察的情境是否预先设置,可分为控制观察和无控制观察;按观察者是否直接参与观察客体所从事的活动,可分为"参与式观察"与"非参与式观察";根据观察者是否直接接触到被观察者,可分为直接观察和间接观察。

控制观察又称结构观察,这种观察事前进行了周密的安排,预设有明确的目标,对所要观察的问题以及大致范围有较详细的观察计划以及合理设计的可控性观察。它对观察的对象、范围、内容和程序都有严格的要求,一般不能随意改动,因而,能帮助研究者获得翔实的材料,并能对观察资料进行定量分析和对比研究。其缺点在于观察范围小,缺乏深度和广度。无控制观察也称非结构式观察,是一种开放式的观察活动,这种观察大多没有详细的观察计划和观察提纲,允许观察者根据当时的情境调整自己的观察视角和内容。这种观察一般依据现场的实际情况随机作出决定,具有很大的灵活性。

参与观察是观察者为了深入了解情况,直接参与观察情境,成为观察客体之一的观察活动。在参与观察中,观察者与被观察者建立比较密切、融洽的关系,在相互接触与直接体验中倾听和观察被观察者的言行,通过自我的真实体验,可至深层次地了解被观察者。非参与观察,不要求观察者直接进入被观察者的日常活动,而是以"旁观者"的身份冷静地观察和记录事物发展的动态。非参与观察做起来比较容易,也易于获得较为"真实"的资料,但是缺少对情境的控制和体验。

3. 访谈法

（1）访谈法的含义。访谈法是调查者与被调查对象直接交谈,获得研究材料的一种常见方法。访谈法收集信息资料的行为是通过调查者与被调查对象面对面直接交谈方式实现的,具有较好的灵活性和适应性。由于访谈通常是在面对面的场合下进行的,不仅能搜集到声音资料,而且还能收集到语言之外的资料和产生资料的具体情境。在访谈过程中,尽管谈话者和听话者的角色经常在交换,但归根结底访谈者是听话者,受访者是谈话者。访谈法采用对话、讨论等面对面的交往方式,是双方相互作用、相互影响的过程。访谈法的主要优点是具有较强的灵活性,运用的范围也比较广泛。采用团体访谈的形式,不仅能够节省时间,而且可使与会者保持一种轻松愉快的心情,回答问题时能够做周密的思考,有利于深入了解问题的本质。其缺点在于因样本小,需要耗费较多的人力、物力和时间,而且常常受环境因素的影响,因此应用上受到一定限制。

(2)访谈法的类型。访谈法可根据研究目的和对象的不同分为不同的方式。按访谈进程的标准化程度可分为结构式访谈法和非结构访谈法;按访谈对象的数量可分为个别访谈法和集体访谈法;按接触的时期和时间又可分为一次性访谈法和追踪性访谈法;按层次可分为常规访谈法和深度访谈法;按调查者与被调查对象之间的交流方式可分为直接访问法和间接访问法。

结构式访谈法又称标准化访谈,是访谈者根据事先拟定好的问题进行的较正式的访谈。它是一种有指导性的、正式的、事先决定了问题项目和反映可能性的访谈形式。这种访谈多以问卷和调查表配合进行,其特点是结果便于统计、易于分析,但缺乏灵活性。在访谈过程中,访谈者必须按照提前准备的调查表上的问题时间顺序发问,自己不能随便对问题做解释或更改问题的顺序。非结构式访谈又称非标准化访谈,是一种非指导性的、非正式的、灵活提问和自由作答的访谈形式。它是访谈者与受访者之间根据一个粗线条的访谈提纲而进行的自然交谈。这种访谈弹性大,访谈者可以根据实际情况做出灵活而必要的调整,同时,这种访谈形式能使受访者处在放松状态,有利于充分发挥访谈双方的主动性、积极性和创造性,进而获得较深层次的宝贵资料。

深度访谈法是一种无结构的、直接的、个人的、无定式的访谈法,受访者在访谈者的提示和引导下自由交谈。在访谈准备过程中,访谈者除了目的、访谈提纲等准备外,还需对受访者的背景有事先的认识和了解。访谈能否达到良好的预期效果取决于访谈者的素质、谈话技巧、语言表达能力和人际交往能力等多种因素。优秀的访谈者能够紧紧围绕调查的目的和内容,运用多种谈话技巧和方式对受访者进行深入的访谈,用以揭示其对某一问题的潜在动机、信念、态度和情感。深度访谈的优点在于通过与受访者深入细致的交流和探索,可以帮助访谈者获得比较全面的资料;便于对一些保密、敏感问题进行调查;适合了解一些复杂的问题。缺点是由于采用无结构访问,是否成功取决于访谈者的技巧和经验;受访者通常是一些特殊人群,在问题的沟通联络上往往存在困难。

(3)访谈提纲的设计。访谈提纲一般包括:确定访谈调查目的,确定访谈者,确定受访者,确定访谈时间,确定访谈地点,确定访谈种类,确定访谈记录方式,确定访谈报告方式。如果是标准化访谈,必须用组织统一设计的访谈问卷;如果是非标准化访谈,提纲则无须有严格的分类和固定的回答方式,但要求必须把与调查主题相关的主要项目和问题列出,问题要简练明确。

4.问卷法

(1)问卷法的含义。问卷法是调查研究最重要最常采用的方法之一,如何设计一份行之有效的问卷是学生在社会实践中经常遇到的问题,问卷法是研究者用来从个体对一些问题的回答中收集各种信息的一种调查方法,是了解人们的一种常用方法,它能在短时间内调查众多的研究对象,简便迅速。

问卷法一般适用于大规模的社会调查,其主要优点是在收集资料时,不受人数限制,抽样范围较广,在时间、经费等方面,比直接设查访问更为经济实用;由于此方法采用不记名的形式,被调查者能更加真实地反映自己的观点;该方法可令被调查者有充分考虑的时间,不受他人干扰,根据自己的想法自由地表达意见,其结果更为可靠;所拟问题可尽量求其细密,凡在访问时不能直问,或问而不易得到正确回答的事项,皆可在问卷上得到较为满意与可靠的答案;问卷法搜集的信息资料较易评分,便于统计处理,给出合理解释;使用问卷调查法,可了解一些其他方法不易得到的情况。当然,问卷法也有自身的局限性,如问题不够明晰时,很难得到正确的答案;若所选样本不具有代表性,势必影响到结果的可靠性,此外问卷回收率的高低也直接影响到结果的效率。问题太多或太少都无法达到研究的目的;问题设计得不理想时,会散漫零乱,不易整理,且难以应用统计分析方法和对结果进行科学解释;受答卷人员的态度等主观因素的影响,也可能会降低结果的科学性;结构式问卷限制了回答者的思路,不够灵活。

(2)问卷设计的程序及注意事项。问卷设计的技巧非常重要,它直接影响到问卷的回收率和信息搜集的成效。一般情况下,问卷设计的基本出发点是为了获得真正需要的信息。信息需真实可靠,易于整理统计和分析。另外,在设计时问题不宜过多,避免使人疲乏;尽可能避免涉及个人情感、隐私的问题;避免选项内容层次不清;切忌在设计封闭式问题的答案时没有"其他"选项。

为确保调查问卷的科学性、规范性、有效性和可行性，问卷的编制应遵循以下几个主要步骤：确定研究目的、调查的范围、内容等有关背景信息资料，在此基础上提出研究假设，并列举所要收集的资料和考虑如何统计分析；问卷形式的设想，选择哪一种数据的收集方法，采用何种调查形式，对问卷的设计有着重要影响；确立问题的回答形式，起草问卷样本；了解被调查者的特征及选择被测样本；选择并决定问卷形式；拟定标题题目和被试的指导语；撰写拟问问题；有关静态的信息、有关行为方面的信息、有关态度方面的信息；编辑问卷和实施说明，并明确影响问卷效果的因素；确定除问卷法之外进行研究的其他辅助方法。

（3）问卷的结构及设计要求。问卷设计上要满足设计内容与研究目的相符合的要求，并考虑不同的变量层次来设计问题，从而使问卷具有科学性、规范性、可行性。

问卷的一般结构有标题、说明、主体、编号码、致谢语与事实记录六项。

第一，标题。每份问卷都有一个研究主题，研究者应开宗明义，阐述这个研究主题，使人一目了然，增强被调查者的兴趣和责任感。

第二，说明。问卷前面应有一个说明。这个说明可以是一封信，也可以是导语，说明调查的目的、意义、填答问卷的要求和注意事项，下面同时署上调查单位名称和年月。问卷的说明是十分必要的，它不仅可以增强可信度，也是尊重被调查者的表现。

第三，主体。这是研究主题的具体化，是问卷的核心部分。问题和答案是问卷的主体。从形式上看，问题可分为开放式和封闭式两种；从内容看，可分为事实性问题、断定性问题、假设性问题和敏感性问题等。事实性问题包括被调查者的背景资料，如姓名、性别、出生年月等；断定性问题即假定某个被调查者在某个问题上确有其行为或态度，继续就其另一些行为或态度作进一步的了解，又称转折性问题；假设性问题是指假定某种情况已经发生，了解被调查者将采取什么行为或什么态度；敏感性问题指涉及个人隐私、社会地位、政治声誉或不为一般社会道德和法纪所允许的行为等。

第四，编号码。要求所有的资料数量化，与此相适应的问卷就要在问卷的右边统一为每个答案依次添上编号。编码也可以不出现在每份问卷上，在需要统计分析时进行编写。

第五，致谢语。为了表示对被调查者真诚合作的谢意，调查者应当在问卷的末端写上"感谢您的真诚合作"等致谢词。如果在说明中已经有了表示感谢的话，末尾就不必再写。

第六，事实记录。其作用是用以记录调查的完成情况和需要复查、校订的问题。格式要求比较灵活，调查者与校查者在上面签写姓名和日期。

以上问卷的基本项目，是要求比较完整的问卷所应有的结构内容。但通常使用的如征询意见以及一般调查问卷可以简单些。

（4）问卷的处理。问卷的处理一般包括以下三个步骤。

第一，资料的审核。即进行问卷资料的回访核实，核实资料的内容是否符合逻辑常识，对数据不全或不诚实填答的问卷应考虑予以删除，审核后的访问卷应加以编号。

第二，资料的编码。根据问题的不同类型，编码可以分为前编码和后编码。前编码是指结构式问题的答案都应对应一个确定的编码，每个答案对应的编码可以事先印在问卷上；而后编码指的是给没有事先进行编码的答案分配一个代码，以进行相应的统计分析。

第三，输入数据。输入的问卷编码完成后，应定义各变量，给变量一个代码，并把问卷内容，有顺序地输入数据。

（二）调查资料的整理和分析

1. 调查资料的整理

调查资料的整理，就是运用科学方法，将调查所得的原始资料按照调查提纲的要求进行审核、评价、分类、汇总，从而使资料系统化、条理化、完整化、清晰化，反映客观事物的本来面貌，并以集中、简明的方式反映调查对象总体情况的工作过程。资料的整理过程中要做到真实、准确、完整、统一、简明，具有新颖性。下面谈一下资料整理的具体步骤。

（1）调查资料的审核。审核，主要是仔细推究和详尽考察调查资料是否真实可靠和合乎要求，剔除资料中含糊不清或错误的内容，以求资料的精确，解决调查资料的真实性和合格性问题。调查资料的审核内容如下：一是资料合格性的审核，即资料是不是按照调查宗旨、提纲要求收集或调查统计的；所收集的资料能不能说明问题，对分析研究问题是不是能起到应有的作用；提供资料人的身份是不是符合所要求调查对象的身份；对于相互比较的资料，其所涉及的事例是否拥有相同的条件和可比性。二是对资料准确性的审核，即看资料是否真实可靠地反映了调查对象的客观条件。三是对调查资料及时性的审核，就是调查指标所属的口径和时间是否符合要求。四是对资料完整性的审核，就是审核调查资料所包含的有关问题和项目是否已按提纲或统计表格的要求搜集齐全或填报清楚,提纲上所包括的主要问题是否都已涉及,如有遗漏,要设法补上。实在补不上的,就应考虑剔除这些被遗漏的资料。

（2）调查资料的分类。分类,就是对经过审核后的资料,根据其性质、内容或特征,将相异的资料区分开来,将相近或相同的资料进行归纳,使资料比较系统,能反映一个事物完整面貌。分类是否正确取决于分类的标准是否科学。分类标准的确定,必须以科学理论为指导,以客观事实为依据。资料的分类方法有两种:一种是事先分类,就是在调查实施前,涉及调查提纲、表格或问卷时,按照事物或现象的类别设计调查指标,然后再按分类指标搜集资料;另一种是事后分类,有些调查资料是无法事先分类的,有的是无意的收获,这些资料主要来源于访谈法的调查。

在分类过程中,无论采用哪种方法都要确立这样三条原则:一是各类别之间应该有显著的差异性,即类与类之间应有质和量的显著差别,同一资料只能归于一类,而不能既属这一类又属于哪一类,防止同一事物在不同的类别中重复出现。二是分类的标准详尽性,分类较细,材料的差异点就愈多,调查资料的界线愈清晰,可以看出材料的细微差别,能如实反映事物的特殊性,有利于从本质上了解客观事物的本来面貌。三是分类内容的完备性,即调查资料全部都要有所归属,分类结果必须把全部资料包括进去,不能遗漏,断章取义只能造成分析研究的错误。

（3）调查资料的编号。编号是按一定标准将资料进行分类,给每一个回答类别一个编号,将回答转换成数字代表,用各种符号代替各种资料。通过分析所要处理的调查资料的特点,选择最佳编号的方法,确定含义明确、直观的代号及号码位数。编号的主要方法是:顺序编号法,即用一个标准对调查资料进行分类,编号可按数字或字母顺序排列,也可按发生顺序排列,这样便于检索;数字或文字编号法,即按预先拟定的规则进行文字或数字置换的一种方法;分组编号法,即按种类特征或后继数字来分大小类,进行编号;表意式编号法,即用符号或数字表明编号对象的属性并按此进行编号。

（4）调查资料的汇总。调查资料经过审核、分类、编号后,在确保准确无误的情况下,就可以开始汇总。汇总就是根据研究的目的,对大量的研究资料进行汇集、整理和加工,使原始资料转换为综合资料。其目的在于初步了解数据的分布情况,为统计分析做准备,便于资料的保存和运用。

资料汇总有三种基本形式:一是逐级汇总,就是自下而上地逐级整理、汇总资料。二是集中汇总,由组织调查的最高一级机关集中全部调查资料进行一次性的汇总。三是综合汇总,是逐级汇总与集中汇总综合使用的一种组织形式。汇总的方法有手工汇总和机械汇总两种。手工汇总是采取手工技术对调查资料进行的汇总。这种汇总方法适用于较小规模的调查资料。它的优点是方便简单,纠错及时;缺点是不适用于大规模的调查资料的汇总。机械汇总是借用专门的机械设备进行汇总。其特点是效率高、时效性强、准确性高。机械汇总方法又可分为两种方式:一是通过打孔机、验孔机、分类机、制表机来进行汇总,另一种是利用电子计算技术和数据传输通信系统进行统计资料汇总。

对资料进行汇总后,为了进一步说明问题,对有些数据还必须计算百分比。计算百分比,也就是求出可以进行对比分析的相对指标。

2. 调查资料的分析

学生通过社会调查后,获得了大量资料,又对资料进行了整理、汇总,使资料系统化、条理化。但这并不是我们的目的,也非调查研究工作的结束。在此基础上还必须进一步对资料进行分析和研究,从而得出对某一事件、某一社会现象全面的系统的观点,将感性认识上升为理性认识。分析研究工作实际上贯穿于整个调查工作的全过程,即便在搜集资料时,也在边搜集边分析。有时甚至调查工作和研究工作难以截然分开,调查中有研究,研究中有调查。因此,分析研究工作不能等到调查工作结束之后再去做,而是一开始就要注意。

参考文献

[1] 曾瑜, 邱燕, 王艳碧. 高校学生管理工作法治化研究 [M]. 成都：西南交通大学出版社, 2016.

[2] 陈雪洁, 张泉. 学生工作三线论 新时期高校学生工作探索与实践 [M]. 沈阳：辽宁人民出版社, 2008.

[3] 段佳丽, 曾葵芬. 新时期高校学生工作科学发展的理念与实践 [M]. 北京：光明日报出版社, 2017.

[4] 段长远, 赵国锋等. 高校学生事务管理工作研究 [M]. 银川：宁夏人民出版社, 2008.

[5] 范国睿. 学校管理的理论与实务 [M]. 上海：华东师范大学出版社, 2003.

[6] 傅真放, 邓军, 吴佩杰等. 高等学校学生管理 [M]. 南宁：广西人民出版社, 2007.

[7] 董国松, 马其南, 郭驰. 高校学生干部读本 [M]. 大连：辽宁师范大学出版社, 2017.

[8] 姜鹏. 新时期高校学生教育管理的思考与探索 中国传媒大学学生工作论文集 [M]. 北京：中国广播电视出版社, 2008.

[9] 孔繁清. 多元文化背景下的学生工作研究 [M]. 北京：北京语言大学出版社, 2005.

[10] 李玲. 高校学生管理工作创新研究 [M]. 长春：吉林人民出版社, 2020.

[11] 李正军. 高校学生管理工作概论 [M]. 保定：河北大学出版社, 2002.

[12] 梁书杰. 高校学生工作模式与管理方法研究 [M]. 长春：吉林科学技术出版社, 2019.

[13] 刘冬梅. 新时期高校学生管理工作探索与创新 [M]. 济南：济南出

版社,2008.

[14]刘伦.高校学生管理制度创新探索[M].重庆:重庆大学出版社,
2006.

[15]刘明瑛.高校学生干部工作研究[M].青岛:中国海洋大学出版社,
2006.

[16]刘中文等.走向新世纪 高校学生教育管理工作研究[M].北京:
煤炭工业出版社,1997.

[17]龙希利.大学生社团管理机制创新与实践探索[M].济南:山东人
民出版社,2014.

[18]孟庆新.高校学生工作思考与实践[M].沈阳:东北大学出版社,
2015.

[19]潘国廷.大学生辅导学——基于高校辅导员视角[M].青岛:中国
海洋大学出版社,2009.

[20]漆小萍,唐燕等.高校学生事务管理[M].广州:中山大学出版社,
2005.

[21]漆小萍.学生工作的设计与评估[M].广州:中山大学出版社,
2003.

[22]沈佳,许晓静.基于多视角下的高校学生管理工作探究[M].北京:
现代出版社,2022.

[23]宋丽萍.新媒体环境下高校学生教育管理工作创新研究[M].长
春:吉林大学出版社,2020.

[24]陶国富,王祥兴.大学生学习心理[M].上海:华东理工大学出版
社,2003.

[25]天津市委教育工委思想政治教育处,天津市教育委员会德育处,
天津市高校辅导员培训和研修基地(天津理工大学)编.新时代高校学生
事务管理与资助育人工作理论与实践[M].天津:天津大学出版社,2018.

[26]童文胜.高校学生事务管理工作典型案例评析[M].武汉:华中科
技大学出版社,2017.

[27]王金祥.高校学生管理工作研究[M].沈阳:辽宁大学出版社,
2012.

[28]王树岩.高校学生工作实践与研究[M].沈阳:辽宁大学出版社,
2008.

[29]王文杰,王海燕.春风化雨 高校学生事务管理工作案例选编[M].
北京:光明日报出版社,2018.

[30]谢志芳.至德要道 多校区高校学生思想教育管理工作研究[M].

上海：上海三联书店，2007.

[31] 徐涛. 新时期高校学生工作研究 [M]. 成都：西南交通大学出版社，2007.

[32] 杨大鹏，马亚格，罗茗. 高校学生工作管理创新研究 [M]. 北京：北京理工大学出版社，2019.

[33] 姚丹，孙洪波. 高校教育信息化管理与学生管理工作 [M]. 北京：中国纺织出版社，2021.

[34] 叶骏，金永发. 高等学校学生工作规范与指导 [M]. 上海：同济大学出版社，1991.

[35] 尹忠恺，王永萍，孙平，姜喜双. 高校学生工作导论 [M]. 沈阳：东北大学出版社，2013.

[36] 应中正，于春华. 多学科视野下的高校学生工作 [M]. 天津：天津人民出版社，2015.

[37] 于成学. 与大学生谈人生：高校学生工作的交往视角 [M]. 哈尔滨：黑龙江人民出版社，2008.

[38] 张世泽. 高校辅导员工作指南 [M]. 沈阳：东北大学出版社，2013.

[39] 张斯虹. 高校学生事务管理丛书 社会工作嵌入高校学生工作研究 [M]. 广州：中山大学出版社，2013.

[40] 中共北京市委教育工作委员会宣教处，北京高校学生工作学会编. 新时期高校学生工作实用读本 [M]. 北京：北京邮电大学出版社，2000.

[41] 钟昆明. 谁是人才 [M]. 重庆：重庆大学出版社，2008.

[42] 白林驰. 冲击与应对：网络热点事件中的社会思潮与高校学生工作 [J]. 南阳理工学院学报，2020，12（03）：61-65.

[43] 蔡喜光，黄家龙，肖佳磊. 立德树人理念下高校学生管理工作研究 [J]. 科学咨询(教育科研)，2022（05）：35-37.

[44] 陈光辉. SOP 理念指导下的高校学生工作办公室标准化管理研究 [J]. 大众标准化，2021（05）：245-247.

[45] 陈盼盼. 学校社会工作方法在高校学生工作中的应用探索 [J]. 教育现代化，2020，7（52）：152-155.

[46] 陈婉兰. 新冠疫情期间高校学生工作面临的问题与对策 [J]. 西部学刊，2021（03）：107-109.

[47] 崔人元. 以学生为中心 加强高校学生工作 [J]. 安阳工学院学报，2021，20（05）：111-113.

[48] 代江林. 高校学生工作"一站式"服务平台建设的探索——以上海 X 高校为例 [J]. 西部素质教育，2021，7（22）：16-19.

[49] 额尔敦其其格 . 高校学生工作满意度调查研究——以集宁师范学院为例 [J]. 集宁师范学院学报,2020,42（04）:76-82.

[50] 方振政 . 技能性学习模式（ESSC）在高校学生工作中的探究 [J]. 成都中医药大学学报（教育科学版）,2022,24（01）:103-106+132.

[51] 房仲威 . 分析思想政治教育融入高校学生工作的方法 [J]. 湖北开放职业学院学报,2020,33（10）:87-88.

[52] 费天赟 . 计算机网络技术在高校学生工作中的应用 [J]. 中国新通信,2021,23（23）:87-88.

[53] 冯超,李恒宝 . 高校学生工作的精细化管理探索 [J]. 大学,2021（38）:55-57.

[54] 顾添笑 . 一流本科教育下高校学生工作的挑战与策略 [J]. 大学,2021（26）:121-123.

[55] 郭鸽 . 高校学生工作视域下引导大学生树立正确消费观的方式探究——基于网络信贷现象的分析 [J]. 科教导刊（上旬刊）,2020（31）:163-165.

[56] 郭忠军,陈梦媛 . 新形势下边疆地区高校学生工作难点与对策研究 [J]. 江苏科技信息,2021,38（06）:41-43+54.

[57] 海英,唐杰,商莉 . 论习近平青年观指导高校学生工作的实践价值 [J]. 河北工程大学学报（社会科学版）,2020,37（04）:51-55.

[58] 韩海东,吴晓 . 泰勒科学管理在高校学生工作中的应用 [J]. 吉林广播电视大学学报,2020（07）:148-149.

[59] 韩梦利 . 高校学生工作网格化管理现状分析与优化对策 [J]. 科教文汇（中旬刊）,2021（05）:17-18.

[60] 何磊磊,杨航征 . 新冠疫情下加快高校学生工作信息化转型的思考 [J]. 决策与信息,2020（06）:65-69.

[61] 胡倩倩 . 高校学生工作结构碎片化的治理研究 [J]. 开封文化艺术职业学院学报,2020,40（11）:91-92.

[62] 嵇健,马晓强,张健 . 新时代高校学生工作运用调查研究理论探讨 [J]. 产业与科技论坛,2020,19（22）:115-116.

[63] 蒋菲菲 . 少数民族地区高校学生工作中的危机管理体系构建 [J]. 文化创新比较研究,2021,5（04）:187-189.

[64] 康静,王丽萍 . 学长制在高校学生工作中的发展模式及作用探究 [J]. 江西电力职业技术学院学报,2021,34（08）:34-35.

[65] 康娜 . 高校学生心理管理体系构建的探索 [J]. 学校党建与思想教育,2021（22）:76-78.

[66] 康娜, 韩薇, 黄荟宇. 高校学生工作治理体系建设的路径探究 [J]. 思想教育研究, 2020（12）: 141-145.

[67] 康娜, 马立民. 中爱高校学生工作的比较与启示 [J]. 文化产业, 2021（01）: 101-102+105.

[68] 李更生. 新时期高校学生党组织建设与工作创新路径研究 [J]. 办公室业务, 2022（10）: 22-23.

[69] 李宏. 浅谈如何以高校学生工作品牌建设促进教育品牌的外化 [J]. 现代职业教育, 2021（01）: 24-25.

[70] 李靖靖. 疫情防控常态化形势下的高校学生工作研究 [J]. 科教文汇（中旬刊）, 2021（03）: 22-24.

[71] 李力, 牛少轩. 完全学分制视阈下高校学生工作研究 [J]. 科教导刊, 2021（33）: 137-139.

[72] 李彧辰, 夏爽. 新媒体模式下高校学生工作的开展 [J]. 文化产业, 2020（15）: 153-154.

[73] 李媛. 大数据驱动下高校学生工作精准化变革与创新 [J]. 黑河学院学报, 2021, 12（03）: 107-108+153.

[74] 梁志睿. 高校学生工作的精细化管理模式分析 [J]. 文化产业, 2021（30）: 82-85.

[75] 刘海春, 黄煌华. 理念、变化与启示: 新冠肺炎疫情下高校学生工作的三重考量 [J]. 国家教育行政学院学报, 2020（09）: 44-49+58.

[76] 刘军, 陈泽萍, 殷毅山. 新冠肺炎疫情影响下高校学生工作的变化、机遇与调整方向 [J]. 山东青年政治学院学报, 2021, 37（S1）: 122-125.

[77] 刘凌. 新冠肺炎疫情期间违规行为特质及其对高校学生工作的启示 [J]. 中国地质教育, 2020, 29（02）: 1-4.

[78] 刘昕. 关于新媒体对高校学生工作的影响分析及对策探讨 [J]. 国际公关, 2020（12）: 12-13.

[79] 陆竹棠. 新时代背景下高校学生工作实践创新的思考 [J]. 黄河科技学院学报, 2020, 22（09）: 93-96.

[80] 罗来松. 高校学生工作"保稳定促发展"的实践探索——以南昌航空大学"3+1"模式为例 [J]. 南昌航空大学学报(社会科学版), 2020, 22（04）: 38-43+50.

[81] 罗泉. 设计思维在高校学生工作中的运用 [J]. 青年与社会, 2020（15）: 179-180.

[82] 罗业. "互联网+"背景下高校学生工作刍议 [J]. 中国新通信, 2021, 23（07）: 221-222.

[83] 骆明阳 . 高校学生工作体系在大学生社会主义核心价值观培育和践行过程中的作用及优化措施 [J]. 中国多媒体与网络教学学报（上旬刊），2021（12）：131-133.

[84] 吕武，常晶 . 金融危机以来美国高校学生资助政策发展演变及其当前挑战 [J]. 比较教育研究，2022，44（06）：100-108.

[85] 马京伟 . 思想政治教育融入高校学生工作的有效途径 [J]. 才智，2021（11）：50-52.

[86] 马媛媛 . 教育心理学在高校学生工作中的应用 [J]. 科教文汇（下旬刊），2020（10）：162-163.

[87] 彭丹，王爽 . 心理训练营在高校学生工作中的应用 [J]. 新课程研究，2021（33）：49-51.

[88] 邱玉华 . 高校学生工作精细化管理模式创新研究 [J]. 营销界，2021（08）：37-38.

[89] 邱月，杨坤，赵同彬，房凯，谭涛 . 适度匮乏在高校学生工作中的应用 [J]. 教育教学论坛，2020（45）：77-79.

[90] 饶湖常，易晓颖，迟沅帅，徐燕婷 . 学校社会工作嵌入高校学生工作的机制探索 [J]. 西部素质教育，2022，8（03）：159-161.

[91] 苏凌函 . 大学生工作治理体系的构建路径——评《高校学生工作研究》[J]. 热带作物学报，2021，42（08）：2455.

[92] 孙楚航 . 新学工：推进新时代高校学生工作转型升级的探索与思考 [J]. 中国高等教育，2020（12）：51-53.

[93] 谭思师 . 大数据下的高校学生工作反馈模式研究 [J]. 内江师范学院学报，2020，35（11）：103-107.

[94] 谭雯 . 高校学生工作与思想政治理论课融合的思考 [J]. 产业与科技论坛，2021，20（20）：143-144.

[95] 田立强 ."三全育人"视域下高校学生工作体系构建研究 [J]. 宁夏教育，2021（Z2）：31-34.

[96] 王骏 . 新媒体对高校学生工作的影响及对策分析 [J]. 现代商贸工业，2021，42（18）：85-86.

[97] 王亮，马武军 . 浅谈高校学生工作中的服务育人理念 [J]. 人才资源开发，2020（22）：38-39.

[98] 王敏 . 大数据视角下基于需求分析的高校学生工作调查及创新策略 [J]. 宁波职业技术学院学报，2020，24（06）：72-76.

[99] 王帅 . 基于协同理论的高校学生思政教育与思想政治教育整合策略 [J]. 公关世界，2022（08）：121-122.

[100] 王璇 . 加强新时代高校学生工作军民融合的思考 [J]. 产业与科技论坛,2020,19（10）:248-250.

[101] 王照兰 . 高校学生工作精品项目培育机制研究——基于"三全育人"理念 [J]. 郑州航空工业管理学院学报(社会科学版),2020,39（04）:108-112

[102] 吴永平 . 新媒体背景下提升高校学生党支部活力的创新路径研究 [J]. 池州学院学报,2022,36（02）:157-160.

[103] 武文博 . 三全育人综合改革背景下高校学生工作机制创新性探索 [J]. 中国教育技术装备,2021（06）:100-101+109.

[104] 向中坤 . 团体心理辅导在高校学生工作中的应用探讨 [J]. 作家天地,2021（11）:122-123.

[105] 肖瑜 . 红色基因传承与高校学生工作的契合 [J]. 百色学院学报,2021,34（04）:125-130.

[106] 邢馨方 . 谈精细化管理理念在高校学生工作中的应用 [J]. 山西青年,2020（11）:196+198.

[107] 徐冰,王小娇,马名杰 . "三全育人"视域下对高校学生工作的思考——浅谈高校专业课教师的角色定位 [J]. 河南教育(高教),2020（11）:59-61.

[108] 燕瑞 . 社会工作作为心理咨询的补充性力量嵌入高校学生工作的可行性研究 [J]. 现代职业教育,2021（24）:162-163.

[109] 杨志君 . 思想政治教育融入高校学生工作的对策分析 [J]. 知识文库,2021（03）:197-198.

[110] 尹建平 . 精细化管理模式在高校学生工作中的有效运用 [J]. 黑龙江科学,2021,12（19）:132-133.

[111] 云兵兵,郭加书,马国超 . 疫情防控常态化形势下的高校学生工作研究 [J]. 湖北开放职业学院学报,2021,34（09）:58-60.

[112] 张兵 . 基于图书馆专业化服务助力高校学生工作的探讨 [J]. 办公室业务,2021（17）:51-53.

[113] 张弛 . 茶思维的高校学生管理工作实践思考 [J]. 福建茶叶,2022,44（07）:131-133.

[114] 张威 . 疫情防控常态化背景下高校学生工作的思考 [J]. 中国多媒体与网络教学学报(中旬刊),2021（03）:158-160.

[115] 张晓晔 . 大数据时代高校学生工作创新实践分析 [J]. 无线互联科技,2021,18（06）:135-136.

[116] 张晓瑜 . 学校社会工作嵌入高校学生工作的研究 [J]. 长沙民政

职业技术学院学报,2020,27（03）：19–21.

[117] 张辛未 . 新时代高校学生工作新探索 [J]. 花炮科技与市场,2020（03）：150–151.

[118] 张轶娟 . 团体心理辅导在高校学生工作中的实践应用研究 [J]. 学园,2021,14（27）：62–64.

[119] 赵路 . 逆向参与视角下高校学生工作模式的现状及对策 [J]. 现代职业教育,2021（41）：222–223.

[120] 赵鹏,李栋祥 . 基于"以学生为中心"教育理念的高校学生工作实践研究——以山东理工大学资源与环境工程学院为例 [J]. 黑龙江科学,2021,12（17）：141–143.

[121] 赵欣 . 社会主义核心价值观在高校学生工作中的践行路径研究 [D]. 太原理工大学,2020.

[122] 周洁 . 新时期高校学生工作危机管理面临的挑战与对策 [J]. 韶关学院学报,2021,42（05）：35–39.

[123] 周举坤 . "以学生为中心"的高校学生工作适应性思考 [J]. 学校党建与思想教育,2020（15）：54–57.

[124] 曾少英,谢婕思,龚瑶,李树文 . 以 PSBH 范式丰富高校学生工作教育实践方式的研究 [J]. 商业经济,2021（07）：191–193.